The Adulterer's Tongue

Six Welsh Poets: A Facing-Text Anthology

ROBERT MINHINNICK was born in 1952 and lives in south Wales. He works for the environmental charity Sustainable Wales, and is also a freelance writer and editor. His poetry has won the Cholmondeley Award and the Forward Prize for Best Individual Poem, 1999. His first book of essays, *Watching the Fire Eater* (Seren), was Welsh Book of the Year in 1993. Robert Minhinnick edits the international quarterly magazine *Poetry Wales*.

T0170570

Also by Robert Minhinnick from Carcanet Press

Selected Poems
After the Hurricane

The Adulterer's Tongue

Six Welsh Poets: A Facing-Text Anthology

translated and edited by
ROBERT MINHINNICK

First published in Great Britain in 2003 by
Carcanet Press Limited
Alliance House
Cross Street
Manchester M2 7AQ

supported by the Arts Council of Wales

The publisher acknowledges financial assistance from Arts Council England

Typeset by XL Publishing Services, Tiverton
Printed and bound in England by SRP Ltd, Exeter

Contents

Iwan Llwyd

Gwyneth Lewis

Elin ap Hywel

Acknowledgements

Bobi Jones
'Gyrrwr Trên' and 'Mynwent Bilbo' taken from *Casgliad o Gerddi* (1989), 'Tirlun heb Het' taken from *Canu Arnaf*, vol. 1 (1994), 'Paent Vermeer' and 'Ŵyn Mawrth' taken from *Ynghylch Tawelwch* (1998), 'Cacynen' and 'Clustiau Beethoven' taken from *Tl Troed* (2003), all reproduced by kind permission of Cyhoeddiadau Barddas.

Menna Elfyn
To the poet herself for 'Iâ Cymru', 'Mis Mai yn My Lai', 'Y Lliaws sy'n Llosgi', 'Sardinau', 'Rhyw Ddiolchgarwch', 'Pigo' and 'Darfod'. 'Botwm i'r Botwm Bol' reproduced by kind permission of *Tu Chwith* and the poet.

Emyr Lewis
To the poet himself for 'Lundain, 1792' and 'Sacs'. 'Taliesin', 'M4', 'Yr Aes' and 'Chwyldro', taken from *Chwarae Mig* (1995), reproduced by kind permission of Cyhoeddiadau Barddas.

Iwan Llwyd
To the poet himself for 'Y Corryn'. 'Ceir', 'Far Rockaway', 'Woodstock', 'Harley Davidson' and 'Meet me at the St Francis', taken from *Dan Ddylanwad* (1997), reproduced by kind permission of Gwasg Taf.

Gwyneth Lewis
'Rhodd', taken from *Cyfrif Un ac Un yn Dri* (1996), and 'Cyfweliad â'r Bardd', 'Dechrau'r Anghofio', 'Bardd yn Pysgota', 'Defod', 'Ewyllys yr Iaith', 'Yn yr Awyr Agored', 'Llawysgrif y Ffarmwr' and 'Y Munudau Olaf', taken from *Y Llofrudd Iaith* (1999), reproduced by kind permission of Cyhoeddiadau Barddas.

Elin ap Hywel
'Cawl' and 'Defnyddiol', taken from the anthology *Oxygen* (2000), reproduced by kind permission of Seren and the poet. 'Deall Goleuni' and 'Duwiesau' reproduced by kind permission of the

poet and *Tu Chwith* and *Poetry Wales* respectively. 'Diosg', 'Pwytho' and 'Unwaith', taken from *Ffiniau / Borders* (2002), reproduced by kind permission of Gwasg Gomer. 'Aur', 'Glas' and 'Yn Nhŷ fy Mam', taken from the anthology *Writing the Wind: A Celtic Resurgence* (The New Celtic Poetry), ed. Thomas Rain Crowe, Gwendal Denez and Tom Hubbard (1998), reproduced by kind permission of New Native Press (USA) and the poet.

Introduction

'*O edrych yn ôl, rwy'n beio 'r cyfieithu*' Gwyneth Lewis

The country of Wales has a population of three million souls. About 21 per cent of those claim to understand *Cymraeg* – the Welsh language – though only 16 per cent admit to real fluency. Thus the constituency for poets in Wales is as small – or as large – as the population of Alaska. Or Liverpool. What is beyond question is that this population demonstrates levels of literary endeavour that put English-speaking Wales, with 80 per cent of the country's population, and much of the rest of the UK, to shame.

In what were once known as the 'heartlands', where Welsh is the majority language, but are better now described as 'linguistic archipelagos', the trend is one of language loss. In the capital, Cardiff, and areas of the south and north-east of the country, Welsh is on the increase, although in an otherwise anglicised environment its use is restricted and quality compromised.

Put like this, and acknowledging the pressures on a minority language from globalised English culture, the Welsh language writer might seem embattled. And yet, the poetry scene in *Cymraeg* is one of startling variegation and exuberance. It ranges from modern work in strict metres that date from at least c. AD 600 to *vers libre*, and accommodates the learned and the experimental as well as the populist. In terms of UK poetry magazines, *Barddas*, appearing entirely in Welsh, is outsold only by *Poetry Review*.

Several leading poets, such as Gwyn Thomas, Gerallt Lloyd Owen, Alan Llwyd, Myrddin ap Dafydd and Twm Morys are absent from this book. Yet although it features only six contemporary poets, I believe *The Adulterer's Tongue* gives the reader a significant glimpse of what is happening in Welsh poetry today. One word in Welsh for 'poets' is *beirdd*, from which the English *bard* is derived. The stereotypical image of Welsh language bards as a toga'd élite, parading at the annual National Eisteddfod amongst swords and trumpets, has common currency in the UK. But that's an infinitesimal part of the story. The poets represented here are all involved in sophisticated professions that range from the law to rock music. They travel the world. Their poems are translated into a wide variety of languages.

Of the writers here, Bobi Jones is easily the most prolific. And the standard of his relentless productivity is extraordinarily high. In literary terms, he seems a force of nature almost too bold for the country he inhabits. For he not merely burnishes the Welsh language but has recast, reforged and (might it be said?) reinvented it, bewildering a few, thrilling many, along the way. His literary achievement is monumental.

Menna Elfyn has discovered how to blend the political with the personal, even when writing about a navel ring. Hers is a poetry that reminds us that the world as much as Wales is a fine place and worth fighting for. It is also an art that continues to develop, exploring the possibilities of satire and confession, and whilst often discovering its origins in the gossipy or banal, regarding the anecdotal as inimical to good poetry.

Any reader of Iwan Llwyd's poetry will ponder on how often the word *breuddwyd* (dream) occurs. Reading his American poems, one is tempted to describe them as nostalgic, but instead I find in them a typical, sometimes painful, yearning. To me, the most successful of these pieces are those that avoid rhyme, and one future development for this poet is surely the use of American prosody as much as subject-matter. In the Welsh poets of the Middle Ages, there was a strong element of what is very loosely referred to as 'the troubadour spirit', and that has been deliberately recreated by certain writers in contemporary Wales, which has a teeming performance scene. Iwan Llwyd has been at its centre for several years.

Emyr Lewis is a solicitor and therefore tired of the cliché that he rejoices in order and form. Yet it applies. A modern master of the rules of *cynghanedd*, his muse seems liberated by its demands. As with Bobi Jones's work in this volume, I have taken liberties with the poetry of Emyr Lewis, especially the vibrant Welsh of 'M4'. There is no attempt at the 'definitive' here. Working on poems such as this, I wished the English versions to somehow continue the poem where the Welsh left off. For me, studiously *translating* poetry such as 'M4' or much of the work of Bobi Jones is hard graft. Why do it? Some poems don't want to be translated. But attempting to restyle 'M4' in another language is fantastic fun.

Gwyneth Lewis has said that, with some relief, she has discovered she is a religious poet. This is exciting and illuminating, but is maybe more apparent in her English verse, in volumes such as *Parables & Faxes* and *Zero Gravity*, which I find superior to her

Welsh collections. However, no other poet in the UK works to such a high level in two languages. Most of her poems here come from the collection *Y Llofrudd Iaith* (Barddas, 1999), a murder mystery in which the victim is the Welsh language itself. Readers should consult a third Bloodaxe volume – *Keeping Mum* (2003) for Gwyneth Lewis's own English versions of some of those murder poems.

Elin ap Hywel finds the dreamlike in the domestic. Her poems are imbued with a late afternoon melancholy. The table is laid, a ritual fulfilled, a great trembling moment about to occur. Below this is the strata of the sinister and the desperate. Guilt, destiny and thwarted opportunity are some of Elin ap Hywel's subjects. Or are they? In her best work, the implicit is all. Here is a poet whom other Welsh writers, obsessed with the literal, with description, with confrontation, might study. English versions by the poet herself are already available, but for me they explain away too much that is suggested in the originals.

A few things are clear. One is that the women's poetry in *The Adulterer's Tongue* differs very much from the men's. The women are less enamoured of *cynghanedd* – ancient and various systems of internal rhyme and assonance. They seem unimpressed by its regulations, its competitive nature, its sonic possibilities, its amazing history. Poetic rules, the women have appeared to say, are there to be broken. Or simply ignored. It's the psychological universe they tend to explore, the impact of love, relationships and death on our world. Because after all, what is this *cynghanedd* but another Welsh sacred cow, a linguistic Lego, a trainspotterish enthusiasm for men in clubs, pubs and competitions?

Such opinions expressed by anyone in the Wales of the *cynghanedd* renaissance can attract lively responses. And the irony is that women are now writing their own poetry in *cynghanedd* – Mererid Hopwood, first ever female winner of the Chair at the National Eisteddfod (2001) has the temerity to give *cynghanedd* workshops. As to what *cynghanedd* looks like – the reader is directed to poems such as 'Chwyldro' by Emyr Lewis in this volume. But as to what it *sounds* like, the best answer is to attend some of the frequent readings given in Wales by *cynganeddwyr* such as Emyr Lewis, Twm Morys, Myrddin ap Dafydd, and of course Dr Hopwood. (Details are available from 'Academi', the association of writers in Wales [www.academi.org].)

As to translating *cynghanedd* into English, it's largely impossible. One writer, Twm Morys, is blunt in his response to would-be translators. He claims that 'the strict-metre poet's work is at least three quarters as old as Christ. His craft has become another language yet again within the language. His words have a comet-tail of reference and nuance.' Thus the translation of strict-metre poetry is pointless. Such poems, says Twm Morys, 'really do lose so much in translation as to make the effort almost worthless, like passing round a bottle of non-alcoholic wine. Whenever I've seen pieces of mine in English, I've only dimly recognised them, like friends who've been in some terrible accident.' (*Poetry Wales*, 2003, Vol. 38: 3).

Undoubtedly there are terrible accidents in *The Adulterer's Tongue*. There might indeed be fatalities. But that's the excitement of translation. For me it's like driving at night without headlights. Certainly I would never claim to be a 'faithful' translator. I'm not interested in the mimetic, and, to this writer, faithfulness has a dogged, indeed doggish, quality. My English versions of the Welsh poems here are not conceived as copies or echoes of the originals. If I was translating them next year they might look very different. Yet I would be disappointed not to have captured in some degree the spirit, the colours, and, yes, the meaning, of the Welsh. Nevertheless, these translations are not written to please the poets (a futile game) but instead made as offerings to the English-reading public, wherever it is found.

Ultimately, it is inevitable that until the history and culture of Wales find some place in *UK* schools, the Welsh language and its poetry will remain at best a rumour, at worst a secret (or is it the other way about?) for most British people. But sharing that secret does not only mean amassing a knowledge of Welsh. It requires a willingness to discover more about the cultures of the UK than the average Briton is wont to do. Make no mistake. The Welsh language and its greatest literature are significant European glories.The ignorance and disdain they suffer within the UK are merely a product of anglocentric philistinism.

As to the title of this volume, it is hardly original to see the English language as the great seducer, but that is one of its potent roles in a partly bilingual country like Wales where just about 100 per cent of the population speaks English. And regarding that tedious question, 'Why does a poet write in Welsh?', the answer is, 'Because Welsh is the language of that writer's soul, and allows him or her access to a unique and astounding means of artistic expression'. The Welsh poet does not write from defiance but out of necessity. Yet despite a Welsh Assembly government that is slowly accruing more political powers, a thriving television channel, a busy publishing scene and a state-sponsored policy of bilingualism, *Cymraeg* – the first language of Wales – remains endangered. The continuing energy and resourcefulness of its poets and poetry make that fact all the more grievous.

'Looking back, I blame translation', writes Gwyneth Lewis at the head of this Introduction. And for what? Nothing less than the death of a language. Or, in fact, its murder. Because there have always been arguments to suggest that translating out of a minority language into a majority language already known to speakers of the former harms the weaker tongue. That's a sobering thought for anyone producing a volume such as this.

Robert Minhinnick
Porthcawl, Wales, June 2003

Bobi Jones

Robert Maynard Jones (Bobi Jones) was born in Cardiff in 1929 and subsequently learned Welsh as a second language. For decades now he has been the most productive of all significant Welsh language writers, his extraordinary output including poetry, short stories, novels, linguistics and language-teaching. He is also one of Wales's most important literary critics. His poetry includes the 21,000 line 'anti-epic', *Hunllef Arthur*, described by one critic as 'the best long poem… in our literature' and 'one of the literary master-pieces of twentieth century Europe'. Bobi Jones's poetry can be said to be revolutionary in terms of the Welsh language. Certainly no modern poet had ever previously written like him. All of his work is influenced profoundly by his evangelical Calvinism. A *Selected Poems* volume has been translated into English by Joseph Clancy (Christopher Jones, 1987).

Gyrrwr Trên

Mwg yn cystadlu â mwg p'un fydd ynfytaf;
Golau'n cnoi clytiau yn y cwmwl ac yna'n bytheirio;
Rhochain cableddus mewn gardd o saim.
Gwelwch y gyrrwr baglog yn canu yn y belen ddur
'A'r mellt yn diffodd yn y gwaed',
Gan gyffwrdd â'r platiau a'r gêr, fel mwyalchen
Yn rhwbio 'i haroglau llysieuig ym mhobman,
A'i faw cnawdol ar yr olwynion, ôl ei rym
Gyda miri'r ffwrnais yn dwym ar yr offer.
Wil yw'r enw,
Mab Ed Williams, y Cwm a brawd Elen.
Trefna waith y twrf yn ei ffordd wylgar ei hun
A phlanna ei bersonoliaeth las yn yr olew,
Efô sy'n bob syw i bump o blant;
Plymia glepian ei waed i wythïen y piston
A llyngyra'i amodau drwy'r metel.
Trwy nosweithiau eu cwmnïaeth
A'u gwacter-ddiwydrwydd
Tröwyd y peiriant yn frongartref mirain,
Yn seintwar, canys yma y meddyliai am Dduw orau,
Duw ar yr echel, a Duw yn y creinsian,
Ac ymfalchïai ynddynt fel ei gyndadau mewn ceffyl
Nes teimlo'r glo newydd-olchi'n betal yn ei ffroenau,
A'r cogiau haearn yn cogio anwesu'i ddwylo caled,
A'i ddywenydd o dan ei gesail.
(Ddoe fe aeth fy nghariad i brynu ffrog wneuthuredig
A'i gwisgo a'i throi'n ddarn o'i chyfaredd ei hun.)
Heddiw'r Nadolig, gwres ei gartref fydd ar ei foch,
Chwys ei blant yn lle chwerthin y piston,
Eithr wrth draed braisg yr un Duw yr ymgruda
Fel pentref tlws yng nghil mynydd.

Engine Driver

Now smoke rivals smoke in its idiots' race
While fire gnaws the clouds to rags, and soon
There's a swineyard of blasphemies, a garden of grease.
But look at the splay-legged driver, singing in his iron cab,
Of how the lightning vanishes.
His sweat caresses the plates and gears like some blackbird
Scattering pollen's perfumes everywhere it steps,
The carnalities of coke under the wheels
And heat from the firebox dancing in the dials.
Wil is his name,
Brother to Elen, son of Ed Williams the Cwm,
Our Wil, who's an ace to five children
Conducting on his own terms all this cacophony,
His oil-blue soul the ghost in this machine,
His gossipy blood pumping the pistons,
Man and metal, metal and man, loving parasites.
For hasn't he driven through the night
And all the carelessnesses of the world
And that way learned what's handsome in the heart?
So in his cab he considers who makes the best of Gods –
Is it an axle-riding God or a God of hot cinders?
His savours this – like the genealogy of horses,
Or petals of new-washed coal held to the nose,
Or the cogwheels that he pets with ruined hands:
How tight he holds the parcel of such joy.
(As yesterday my lover brought home a new dress
And now she thinks each thread of it is a spell upon her skin.)
But today's Christmas, when the oven roasts his cheeks
And his children's shouts might burst the cylinders;
Yet with whom but this clayfooted God, swaying here,
Would we wish to ride the darkness of the line.

Paent Vermeer

Dal d'anadl wrth edrych:
        does yno ond adenydd pluog
heulwen. Nhw sy'n iacháu
y trais nas caniatéir
gan fiwsig anhyglyw'r lliwiau.

Dal d'edrych wrth anadlu:
        does dim ond gwallt yn gwrando.
Unigrwydd yw tyrfa'r tawel
wedi dyfeisio serenedd
fel pe gellid paentio dros drosedd.

Clyw'r dodrefn, clyw galon
        y ferch. Blodau yw'r bobl
hyn y clwydodd ei olew
fel gwyfynnod arnynt
i ymgolli'n ddistaw mewn peidio.

Clyw'r goleuni lleddf
        yn iacháu'r rhyfel absennol
rhwng Sbaen a'r Iseldiroedd.
Amddiffynfa yw'r llun sy'n dal
yn ôl bob trais yn erbyn llygad.

Os yw'i bobl ar waith,
        maent ar waith fel cwmwl haf
nad ymddengys, i'r ddaear, yn symud,
ond sydd mae'n siŵr yn mwynhau
fesul milimedr y mân wyro.

Ond os tangnefedd a enilla
        ef yn erbyn straen dyledion
a mynydd o blant, y byd a
drawsffurfia'n wrthfyd; ac arno
hongia, fel y grawnwin, ymatal.

Vermeer's Paint

Look and hold your breath;
                there's nothing here but the fletchings
of sunlight. But like the inaudible
music of colour
they are velvet on the wound.

So breathe and keep looking.
                Only the girl's hair can hear this,
while the stars are
a multitude of solitaries.
This paint's a pardon for all offence.

Listen to the furniture, listen
                to the girl's heart. These people
are flowers where his oils
have settled like moths,
are disassociated by silence.

Listen to lamenting light
                that heals a hostile absence
between Spain and the Netherlands.
The canvas is a shield
sheering away every sleight against the eye.

If his people toil
                they toil only as a summer cloud
that seems immoveable over the earth
yet whose motion's
a millimetre's rainbow.

It's peace that wipes out every debt,
                every childhood heartache,
his life that transforms this anti-life,
his signature in paint luscious as
grapeskin that he leaves here.

Bobi Jones

Mynwent Bilbo

(Ar ôl y rhyfel cartref daeth gorchymyn o Fadrid i ddileu a thynnu'r enwau Basg oddi ar feddau mewn mynwentydd.)

Bu'r beddau'n bygwth,
Gallet ti eu gweld nhw
Ar noson loergan yn enwedig.
Fe gripiai'u henwau Basg
Oddi ar eu cerrig
Ac ysgyrnygu ar glustiau
Sbaenig yn Gwernigaidd.
Does dim amdani
Ond hwylio â chŷn a morthwyl
I'w llunio nhw'n llawnach eu llonydd.
Beiddgar fydd beddau.
Myn rhai frathu'r llaw
Sy'n eu porthi.

Bilbao Churchyard

(After the Civil War, an order came from Madrid to strike out the Basque names from gravestones.)

These graves make a grammar.
You may study it best
on a moonstruck night
when the Basque words creep
away from their stones
and knuckle the ears
of Spanish in Guernica.
What's left to do
but hurry out with hammer and chisel
to restore mystery to this masonry?
But graves are ungrateful:
always devouring the hand
that feeds them.

Cacynen

I sisial sen yn erbyn popeth
y cylcha hi'r waliau. Llusga ager sarff

    o'r awyr swrth. Mae wrth ei bodd yn lladd
    awyrgylch. Disgyn injin ei godidowgrwydd

fel dyfyniad o boer neidr o dan lenni.
Hi yw crafanc y ffenest, ffenest, ffenest.

    Yn brif lodes dywyll y pryfed, yn ei mwclis
    ambr yr heua anfoes ar oleuni.

Does dim un man i deigres fynd fan hyn ond i mewn
â si ei danadl. Dyna hi'n gaeedig

    chwil yma wrth chwilio acw: heb ond
    chwant, meddw yw ei methu maith.

Dim mêl, dim dwli, dim ond
ffiws yw yn tanio ymysg sosbenni

    ar hyd gwifren teleffon haul
    gwydr, yn daflegryn o sgrech rew

drwy dwnnel tranc, â'i llygaid
yn saethu chwarel pob dwrn o ffenest, ffenest.

    Wrth rowndio'r gegin â'i larwm galarus,
    fôr-leidr y gwenyn, metel-tawdd,

all hi byth ddweud mor anhapus yw hi.
Paentia'r nenfwd â'i braw. Un, dwy, tair,

    pedair wal. Baban wedi cydio mewn nodyn
    ac yn hwylio lefain adref.

Ynghau o fewn hud ei ehedeg ei hun,
mileinig yw am oleuni. Ac amheua,

Wasp

How she disapproves of walls.
She's a steamsnake that crawls about

the glowering air, doing what she does best –
murdering a mood. Follow her self-important trail

like quotation marks of snakespit under the drapes.
She's a talon trapped and tapping on the glass.

This dark madonna of crawling things, count
how many temptations make her amber rosary.

But where else can a tigress go but inwards
with her nettle tongue, or a nasty drunk

who's lost the plot
but long ago learned the failures of desire.

No honeying foolishness for her,
only her fuse alight amongst kettles and pans,

a telephone wire through the patio doors.
Her scream's trajectory

will carry extinction's tunnel, her eyes
blast a crater every time she touches the pane.

A hot-metalled buccaneer of the bees,
all around the kitchen her voice is a smoke alarm.

Yet what was ever as unhappy as she
who sweeps the ceiling with her frustration

and the one, the two, the three, the four walls?
For here's a baby that rocks herself with rage,

sailing home on a lament.
But wherever she flies she's shuttered by spells,

bwria'i hamheuaeth ar wydr. Fel llu
melltithia'r gwynder na all ei gyrraedd.

Ffwrn yw'i chot gen ar ganol haf.
Yn ei llwnc undonog dân, try'n

   bentewyn mewnblyg mewn mwstard
   mwys. Mae'i bwled yn bythol refrio

ar donfedd gaethwag... Diflanna
wrth lanio, yn goelcerth dalfyredig,

   yn y distaw paid; ni fodola yn yr aros,
   ac yn anghred yr aeth wedi soddi mewn saeth.

Paid. Ble mae? Ust! Acw erys eco'i rheg
yn ddidrugaredd ddwys ar bwys y switsh.

   Ai ceisio diffodd byd y mae?... Ie, yn ei hoen cyfyd –
   dacw'i ffroen yn llofruddio gwagle drachefn...

this brassed-off barbarian. Always in her doubt
she's dousing at the glass. Just like lightning

she arrives from nowhere while going nowhere.
Midsummer, she's incendiary in her stripes,

in her throat a burning syllable, an obsessive-
compulsive who hears only her own music,

its endless reverb down a dead wavelength.
But at rest, it disintegrates, like a bonfire

kicked to bits. And silence disallows her.
Ah, the pointlessness of patience!

Her life only lasts while the missile's midair.
But stop. Where is she? Hush. Her oath's

a black hole that obliterates mercy.
See? She's poised over the switch.

Does she want to turn off the world? Here's a zealot
come to assassinate empty air.

Ŵyn Mawrth

Gwallgof yw'r borfa odanynt. Hedant fel
croesiedau rhag i'w lafa hi eu tewi mewn sefyll,
yr ŵyn sy'n syrthio ar eu trwynau.

Tania'r glaswellt wrth daflu'u clytiau golau i'r
heulwen wlân. Uwch yw'r coesau ôl wrth i'r gwynt

fyrstio. Clywch fref eu gwawn gwisgi'n mygu mamogiaid.
Gwallgof yw'r nen odanynt. Beth ŵyr awel

am syberwyd? Yn ei gwallt dwl mae daffodiliau,
mae hadau rhwng ei dannedd. Cymer y nen

yr ŵyn gerfydd ei llaw rhag i flodau'r menyn
eu cynnau fel gwlith. Clywch fref ei pheiriant

sug yn galw Ebrill. Gwallgof yw'r gwaed odanynt.
Ni chlywodd y gorwel gymaint o aelodau bychain

yn feddw chwildrins â'r cantorion hyn.
Clywch y sêr yn prancio sillafau hurt yn y llaeth clau,
yr ŵyn sy'n syrthio ar eu trwynau...

Glai hedegog, na ofidia fod y bydysawd dros dro'n
twmblo mor wyllt â llygaid pen-blwydd. Caiff bref

ffrwd eu mynydd ei sychu'n fasnachol drannoeth
wedi'r 'noson cynt'. A minnau wrth sbïo ar eu celanedd,

yn sobr fel coffi, fe welaf – ar blatiau – blant wedi'u
datod ym Mhalesteina, – mewn siopau cigydd, wragedd

crog o Fosnia, bwytâf eu tawelwch. Cynffonnau fydd
cinio'n cysgu gyda hyn yn y diffyg neidiau. A myn

bref ein boliau a sbonc y grawnwin coch
rhag gwydrau gwag ddiferu'n hedifeirwch hyd y caeau mwyn,
am yr ŵyn a syrthiodd ar eu trwynau.

March Lambs

The meadow's mad beneath them. They fly like
crotchets off the stave, as if standing still would strike them dumb,
these new, nosediving lambs.

The grass burns with hanks of light torn from the sunlight's
fleece. Even the breeze seems fit to burst around their back

legs. Their every cry floats like incense to the ewes.
And the sky's mad beneath them. What does the wind

know about restraint? In its hair are daffodils,
it stuffs its teeth with seeds. Held by the heavens

the lambs in the buttercups are polished like dew.
Now listen to the heavens' engines suck on April rain.

The blood's mad within them. The horizon's never
heard such choristers, reeling drunk, as these.

Listen to these stars' white syllables come like spurting milk,
to the new nosediving lambs…

Their flesh is in flight, their one year universe
wild with their eyes. Their voices are a stream down

hill, and won't be stemmed till market day.
But here's me, respectable as coffee, spying on their

fate, seeing served up, hung in butchers' shops,
Palestine's children, the widows of Bosnia, free at last.
Here's me, feeding on their peace.

Because appetite knows no sleeping. How soon the leaping ends,
how soon the red wine toasts come spilling over the fields
of the new, nosediving lambs.

Tirlun heb Het

Gwallt gwinau yn cludo'r
mynydd i lawr o'r mawn, yn frau am frwyn,
yn glau dros fy ngruddiau grawn,
yn oedi'n gynnes fel wy mewn nyth ar waun,

gwallt gwinau lle'r af i faddo
heb ddymuno estyn fy ffroenau
drwy'r noethni brown i'r lan,
gwallt di-fad di-fais

i'm pendro chwyrlïo drwyddo
i lawr – yn bysgodyn llawen
drwy'r llyweth, heulwen am ei haeliau lleuad.
Mor wlyb yw haul y bore mewn gwallt gwinau.

Ac yn dy wallt gwinau syllaf
ar fy nelwedd wannaidd
yn murmur ei thonnau brith i lawr,
gwallt gwinau yn chwalu'n ffres yn erbyn

fy mania miniog,
yn dryllio'i chysyniad cryf
ar y graig winau; a thithau mwyach
yn erbyn llanw'r môr yn flewiach gwyn gwyn.

Mor ewynnog yw dy dangnefedd heddiw
yn ymladd â gollyngfa'r aber.

Landscape without a Hat

Purple moorstream all down the mountain,
and the moss like a redhead's sideburns there.
But here's me gasping, gutted, grape-
skinned, catching my breath in a plover's scrape.

In purple moorstream I went to wallow
without an inkling there was incense there
or of the nubile in the noble
in that high sargasso of mountain grass,

where now I shimmy like some ocean
creature, reeled up and joyful, even
to the eaves of the sun, as down
in the dewpits the dawn ignites the grass.

Thus in your purple hair I stand
unable even to cast my shadow
over these falling waves, speckled with seeds,
of purple moorstream that breaks across

all my aching consciousness,
sinking every certainty
upon a moorland rock; for what are you
but the silver thatch of a wave,

you, whose warfare is the tide,
my God of spindrift blessings.

Clustiau Beethoven

Hedai ynddo garpiau adeiniog
tan gardota yn y gwyll uwchfioled. Cyffyrddent â physt, trawent
yn erbyn holl ust Vienna.
Drwy'i ben y gwibiai'r clustiau. Ymchwilient am oleuni sŵn
ar waliau ogof ei ben.
Tomennydd o fudandod tu allan a hedai. Tu mewn,
gwrandawai'r ymennydd am
harmoni nes adleisio o'r ystlumod yn nwfn yr ogof yn erbyn
cordiau anferth
llonyddwch ei daith.

Chwifiai yntau adenydd mewnol
fel y cludid ef hefyd gyda'i gymdeithion drwy'r ogof lleisiau nas
ceid
heb godwm. Drwy'r golled gêl
y llefai yn awr y sarhad aflafar o dawel isgoch ar ei
glustiau isddaear. Canys ystlumod
mwyach fyddai'i fugeiliaid. Gwelent drwy faen y caddug
heb olwg. A chlywent y llewyrch mud.
Cynilai ef lid araul yn eu hehediad soniarus: hoffusach
ar hyd nenfwd ei ben oedd
y golch budr hyn yn hongian ei wichian a wichian ar ffrâm
fentrus ei
ffyddlonaf entrych.

Ac o'r herwydd, ei ben a ymffurfiai'n
gragen y ciliai ef iddi, i'w labyrinthau llunieiddiaf
a'i thwneli mwng, nes
ymareulo ar dro, yn neuaddau grotêsg a môr-frydig
yr Offeren a'r Nawfed Symffoni
ar hyd y Pedwarawdau olaf a'u llannau, lle y corlannwyd
holl weld ei ystlumod gymrodyr
ar esgyll ei gur. Er na phowndiai ond distawrwydd yn ôl
o waliau'i
ddirgelwch taranog,
agored fyddai'i ymglywed mwy gyda hwy tua'r gwawl hallt.

Beethoven's Ears

He was a poor man flying,
a beggar out of the dark, rattling a stick against
the palings of palaces, flailing against the protocols of hushed
                                                            Vienna.
From his ears went out comets. They rifled through sound's
                                                            rainbow
in the skull's cave.
He flew, over discarded silences. Inside himself
he could overhear his own mind, and inside that
all the sonar sculptures of a bat roost,
the circumnavigation of the nerves,
the sound of stillness within movement.

He soared on the stave's wings,
aiming for others' sakes at caverns where voices
could not be raised, and for this suffered abuse –
the beat of the blood beyond the bloodstream
as if bats were shepherds, guiding though impenetrable dark,
eavesdropping on gleaming silence.
He sculpted harmonies like serene turbulence,
this darling of the paradise seats, flying beyond the greasy
                                                            clockfaces,
raising a scaffolding into the sky.

And then stepped back, found shell-
silence, remade himself in the labyrinth's language,
prisoner-pathfinder, wandering
through the outlandish halls
of the Mass and the Ninth Symphony,
through the corrals and ziggurats of the last quartets,
where the likeminded too might find a place to live
amongst echoes of thunder,
leading others towards a searing light.

A thrwy'u cymdogolrwydd y cythreuliai
a thrwy'u hundod yr ellyllai yn chwyldro'i soniaredd hyd
               ogof. Yn chwil clywch ei ing
llwyd a'i ddioddef gwinau. Mewn adenydd llygodog y
                                        darganfyddai
            dychryn y curiadau caredig.
Tywyllwch, yn ôl ystrydeb, fuasai'r weddus fangre i ymguddio
            a thyrchu lloches dan bridd yr awyr;
ond ei glytiau ef bellach a wibiai gyda'r kyrie eleison,
            a'r curo o leisiau a'i claddai'n
oludog fel ffaro â'i rofiau gwawn dan lawn oleuni.
               'Ar hyd y llwybrau yna,'
               igiai'r tywyllwch
yn rhwystredig, 'y gyrrir dy hediad yn ddiogel ar hyd gwaliau
                                        gwyll.'

               Felly yr ailgydiodd yn ei fyd. 'O ble
y deuaf? Beth wyf? I ba le yr af?' fflapiai a slapiai
            ei glustiau'n garegog a rhegi
hwnt a thraw. Hedent i wybod ffrwyth hadau'i gladdedigaeth,
            tynnent, turient; yn orffwyll
yr udai'r bratiau anwybodus. Ond yng Nghlod yr allweddellau
            a gyffyrddent mwyach, o'r tu hwnt
i synhwyrau, anwylai'r ystlumod gwe-pry-coplyd ei ymateb
            mewn gwich anhyglyw:
            'Drwy wyll mawl ceir gwawl digilio.'

Through diabolic estates, he fled
with his own demons in a whirlwind back to the cave.
Now his anguish, his suffering, his shrinking
from those that might offer love
are our intoxicants. Darkness, known to all, is a sanctuary,
and that's where he found refuge,
but his was a holy poverty though they buried him
magnificent as a pharaoh, carried on the wingbeats of voices
in sunlight's catafalque.
Now his path is safe as he penetrates
the dark perimeters.

What am I? Where have I come from? Where am I going?
It was questions moored him to this world:
delirious in deafness, the ears' darkness,
the answers tolled in silence's stony oaths.
Memory's a fruit, falling, seeding, but he concealed himself
in a cry against unknowing, doing honour with the keys' caress.
But his salvation lay beyond the senses, out of
the sonar world in a universe of unhearable sound.
'Beyond the darkness praise unstinting light.'

Menna Elfyn

Born in 1951, Menna Elfyn read Welsh at the University of Wales, Swansea. She lives near Carmarthen. In the 1980s, Menna Elfyn was known as a language and women's rights campaigner. Today, she is a poet, columnist, librettist, dramatist and novelist, travelling the world giving readings of her work, in places which include Vietnam, Mexico and Sri Lanka. With John Rowlands, she is the editor of a major anthology of poetry translated from the Welsh of the last century (*Modern Welsh Poetry*, Bloodaxe, 2003). Menna Elfyn's own poems are published in parallel Welsh / English texts, with English versions by translators such as Gillian Clarke. The most recent of these are *Cusan Dyn Dall / Blind Man's Kiss* (2001) and *Cell Angel* (1996) both Bloodaxe, and *Eucalyptus: Selected Poems 1978–1994* from Gomer (1995). She is a Fellow of the Royal Literary Fund at the University of Wales, Aberystwyth.

Iâ Cymru

Eira'r oen, iâ Cymru, dau efaill wir,
rhew yn y glesni olaf, dan ei sang –
ymddatod wnant eu beichiau, gadael tir.

Anal o'r anialwch, yn blasau sur,
cnu o gusanau dros ehangder maith,
eira'r oen, iâ Cymru, dau efaill wir.

Fflochau'n arwynebu eu pigau ir,
beddargraff pob teyrnas, yn toddi'n llif,
ymddatod wnant eu beichiau, gadael tir.

Cotwn tylwyth teg, gwawn yn pefrio'n glir,
cloeon ar led, pob Enlli fach ar ffo,
eira'r oen, iâ Cymru, dau efaill wir.

Meirioli gwlad? Ai dyma arian cur,
pob Cantre'r Gwaelod, yn ddinas dan do,
ymddatod wnant eu beichiau, gadael tir.

O'r Pegwn pell, glasddwr yw'n hanes hir
wrth ymryddhau, bydd llithro ach i'r lli;
eira'r oen, iâ Cymru, dau efaill wir,
ymddatod wnant eu beichiau, gadael tir.

Welsh Ice

They're becoming the same, Welsh ice and spring frost,
both worn underfoot to a blue wafer.
How alike as they leave us, how soon they'll be lost.

Only bitterest breath comes over the glacier
where kisses are white wreaths upon a white coast.
They're becoming the same, Welsh ice and spring frost.

A kingdom must start or finish in flood.
There's some iceberg with our epitaph written on its crown.
How alike as they leave us, how deep they'll go down.

We're scarcely a cobweb, a rumour of ghosts,
and a country might vanish at the turn of a key.
They're becoming the same, Welsh ice, spring frosts.

History thaws. But when has mercury shown
mercy or memory of what it murders?
They're alike as they leave us, how soon they'll be gone.

It starts at the pole in a kind of unlocking
and soon we're a legend beneath a blue level.
They're becoming the same, Welsh ice and spring frost;
so alike as they leave us, so soon to be lost.

Mis Mai yn My Lai

(Fietnam, 1994)

Dynion jocan sydd heb oed yn y glaswellt,
smaliant mewn efydd, eu bod wrth eu gwaith,
yn cerdded yn llaw'r haul, yn llygad eu le,

                                                Yno.

Islaw'r maes mae miri'r lli yn mynnu
ei ffordd ei hun, ac wrth blygu yn y rhyd,
darllenwn fel yr hidlwyd gwaed ar garreg,

                                                Yno.

A heddiw, crasfa'r pelydrau sy'n rhuddlas,
gwyddau'r farchnad yn llawn mwstwr mewn caets,
troedlath 'Singers' yn canu grwndi, fesul pwyth,

                                                Yno

Yn cyfannu defnydd ein byw yn llathrau o ddiwyg.

Yna, a'r dydd heb anadl, hoen hefyd ar encil,
mae tafod hael fy nghyfaill yn trosi o sill i sill,
rhy sâl i huodli. Hithau'n Sul, minnau'n stond,

                                                Yno

Ar flodau'r fflam, coed plant ysgol, pili pala
du a gwyn sy'n gloywi, ac ar aden uwchlaw hanes
wrth droelli nôl i'r ddinas, yn sŵn hwteri, mynnaf

                                          Oddi yno

y bydd gwybed y gwellt a'r sidan bryf yn gwnïo
pilyn ar ôl pilyn, dros groen newydd, gwaraidd
a cholofnau byw yn geni o'r newydd edau wydn.

May in My Lai

(Vietnam, 1994)

These statues on the grass will not grow old.
Neither will they say they do not love their work.
At least, not while the sun stands sentry over them.

                                          There's

something whispering. It's an underground
stream that twists into a knot here at the ford.
Translate it as the keening of the blood. Just

                              there.

But with the day a bakestone even at sunset,
and the market geese still bickering in their bonds,
the sewing machines must purr and stitch, stitch and purr.

                              There!

How soon comes resurrection to the cloth.

But the day flatlines. It never draws a breath.
My tongue might hardly taste a syllable,
such a stranger is speech. It's Sunday here, paralysis

                              there

as flowers burn, trees turn into schoolchildren
and a butterfly becomes the page where history
will write itself, and there's the city,

                              there,

with its sirens and its silkworms slipping
their civilisation over our skins, because
what statue was ever stronger than a thread?

Y Lliaws sy'n Llosgi

Y mae rhyw bethau sy'n ein ffwrno
bob dydd. Byddant fel gwres y popty
yn ein llosgi'n fyw nes ein creisio
a'n ffurfio eto yn llaw'r ffurfafen;
o'n haelodau crimp, tyfant eto groen newydd
er pob nesu draw, eilchwyl eu mentro.

Cans mae rhyw wreichion yn ein cromgell
bob awr. Er difa ar dro, ffâs ein gorwel
– odyn ar fryn yw creadur uwch traethell
yn cynnull ei einioes uwch sgradan y tonnau –
ac er i'r sail barhau, ei drugareddau a chwelir
wrth wasgar i'r pedwar defnydd – a'u cymell.

Mae ynom y gallu i amlosgi. Beunydd
bydd rhyw fflam yn tarddu o'r pethau bychain;
a gwn mai un egwyl sydd raid wrth ddal y diwedydd
cyn i fflach ein byw droi'n llwch – heb weddill –
a'n bathu drachefn wrth i'r ing droi'n fedydd.

The Burning Multitude

The most of us have an agenda
of fire. We endure the furnace
not for our own sake but
the transmutation only torment brings.
Look, we step out of our own ashes
reborn as adventurers.

What holds us together is lightning's
ligature. And though death's in the distance,
every cell's a kiln, a driftwood
bonfire on the beach above the baying wave,
burned down to an elemental dust.
So let's applaud the schemers' scattering.

See, what consumes us is ourselves.
Daily a wildfire ignites our atoms.
To seek respite is to call down dusk.
Here's the flash with which we step out of the flesh
into that baptism of shadows fused upon the wall.

Sardinau

Cysgaduron clyd wedi eu pacio'n dynn,
a'u bryd, ar roddi pryd, yn ei flas;
aelodau fu yn dorf mor ddedwydd;
yn eu hyd, dan do, eu byd, nes daw dydd –
i redeg yr agoriad, a'u gweled,
garcharorion syn heb ddeall goleuni,
mewn cell olewaidd. 'Slawer dydd
ai'r allwedd ar ffo, fe pe i'w harbed
rhag ehangder maith, a'r gweflau arian
yn gwneud cwpse. A chwedy goroesi
deuai awr eu cymell i'r swper olaf;
cans holl gyfrinach sardins yw symledd.
Nid ansiofi aruchel mohonynt na phenwaig Mair.
Swatia'r rhain mewn urddas, er inni
smalio pob ffraethyn a'u gwatwar hyd byth
am gyffelybu'n byd poblog.
                              Mudion ydynt.
Bydd y tiwna yn brolio ei fod yn rhydd
o afael y dolffin. Disylw yw'r rhain. A thwt:
diddos mewn cymuned glòs, yn esiampl
o deulu estynedig, a ddisgyn i'w le.
                              Esgyll cytûn,
nes inni ymhel â nhw.
Ac wrth eu codi, a'u gosod, fe welwn
mai lluniau dwys ydynt mewn oriel Fechan,
yn magu chwedlau: fel Lacan a'r morwyr
yn syllu ar dun sardins ar frig y tonnau
a'u cael yn glisno, yn waredigol wyrth.
Rhwng gair a gweld, mae gweld y gair.

Ond ym Meibl y seigiau moethus, myn
Jamie Oliver ein bod yn chwilio'r haig ffres,
rhai llygaid gwydrog fel crisial cyn eu stwffio'n
goch, friwsiog.
                 Mor wirion yw camdrin sardin:
ei ystyr sy'n las mewn bryniau o iâ.

Sardines

See these slumberers, tight in their shoal;
this is their time as they offer us taste,
these singers in a silver congregation, up
from the sea's nave they came, nosing about
and sniffing the air. And now look at them:
light-leery liggers slippery with fear's oil.
A lifetime ago the cell door slammed
on these agrophobics; smilers, snarlers, bright
ventriloquists. And we'd tease them
into a toastie, because surely
the secret of sardines is their simplicity.
For what do they know of the aristocracy
of anchovies, of mackerel pride? But they're
friendly enough, I suppose, cwtshing up when caught,
though their assembly government
has yet to debate population growth.

                                  They're mourners maybe.
But if tuna's famous as dolphin-friendly,
these are the seas' also-swams,
a tribe that looks after its own, neat
enough but unnoticed.
                        They're all gills,
no guile, and then we stick our oars in. And as
we scoop them from the depths can only wonder
at the BritArt installation they might make
and so become the web's celebs. Because
to any famished sailor no miracle's mightier
than a sardine tin brought towards him on the tide.
Between that seeing and that knowing
comes the knowing what you see.

But in all those gourmet
gazettes, clock Jamie Oliver on how to recognise
the freshest catch. It's in their ruby eyes, he says,
and Jamie does a mean sardine-in-breadcrumbs.
        Aw. Better to think of their school, blue
        as a glacier, that's sharpened on the wave.

Oedodd cyhyd mewn santeiddrwydd pedrongl,
a sut mae modd inni chwalu'r myth
o'r sawrau rhwydd a'r swper sionc?

Pan fyddem, yn ddim o beth, a'r pysg
yn cydymddwyn, a'n dysg yn ddisglair
wrth iddynt lynu at ei gilydd llwyth
di-fai oeddynt i mi, yn eu bae bychan,
a thrwyddynt daethom i ddeall
byd sy'n bwyta esgyrn a diosg
                              un o'i asgwrn cefn.

Môr galed yw rhwyd y ddynolryw.

Mynych y casglaf o hyd yr enllyn hwn,
yr un rhad, rhag iddo flasu brad. Ac eto?

Rhyw gadw-mi-gei ydynt heddiw
nodiant o'n holl ddinodedd ninnau.
Disyfl hefyd, mewn arfwisg, ar silff yn oedi,
gan gynnal gwledd a gŵyl o chwerthin,
amdanom yn ein llety, deoledig,
oer.

Yet the sardine's sanctified
in appetite. Impossible now to sink the myth
that what a sardine means to us is suppertime.

But before we started vacuuming
every vug in the seabed, we respected sardines:
their glistening collective
could fill the fathoms of a fjord.
Yes, sardines saw to it that we called
calcium our greatest friend; and that we weren't
sniffy about the snowflaking of our bones.

You've seen *The Cruel Sea*? So think again.

I'm cavalier about caviar,
would not cast pearls before sewin,
but I'd wave a wad for one sardine. Because

Sardines used to be what we couldn't do without.
They're old money, old lovers at the back of the drawer.
What a party we could have in a different world.
Come alive, we'd say to the candlestub.
Come alive, we say, in our darkening rooms.

Rhyw Ddiolchgarwch

Fe ddywedwn, yn feunyddiol
am y sawl a gaiff ei didol
a'i dal yn nwylo tynged,
iddi fod, yn y man a'r dydd
a'r awr, nad oedd yn weddus.

A daw'r wireb yn fyw, ar wefus
wrth inni ddweud, mewn ffordd fregus
pa fodd, y cwymp y cedyrn,
iddo fod, yn y man a'r dydd
a'r awr nad oedd yn weddus.

A mynych y synnaf, mor gyndyn
er pob cred, a chri, yr ydym
i selio'r dydd â salm, a edrydd
inni fod, yn y man, a'r dydd
a'r awr a oedd yn ddi-nam weddus

Ac ymolch mewn diolch, holl fendith
gweled machlud, lleuad wisgi, gwlith
yn loywdlws dan lesni'r bore;
ninnau'n perarogli yng ngwyddfa
einioes, am ryw hyd, a'i chael yn weddus.

Some Kind of Thanks

Daily we say to ourselves
there has to be another life
where the time will be right
and the place will be right,
and that will make all the difference.

And we've said this so often
we have almost come to believe it;
that the great and the grand will be gentled,
in their own place by their own means,
and that it will make the difference.

But how it still amazes me,
our unbelief, our unbeloving,
when psalms are strangers, music's mute,
and we the benighted
are bereft of benediction.

Because blessing's both the rockpool and the font;
while sunset brings the moon on manoeuvres,
the dew discipled to a blue dawn,
then the breath of the watchman from the tower,
and the hero's last estate.

Pigo

('In the Pentagon, one person's job is to take the pins out of towns, mills, fields… and save the pins for later…' William Stafford)

Hunlle, fe ddaw ei hunan bach
heb symud bys, bron iawn. Pigyn

yn y glust yw sy'n fflamio'n y nos
nes i'r waedd am bigiad, ei leddfu.

A daw'r dychymyg agât heibio.
Pan sleifa'r wawr nôl i'w lle

bydd trefi a chaeau yn dathlu
enwau newydd, yn y rhosliw.

A thraethau newydd, danlli,
– trosiant y don dros ei phentwyni.

Bydd laser dros lesni'r moroedd.
Wir, heb symud braich. Bys ar binnau bawd

a ddaw â'r ffawd newydd i fod.
Tylwythau clòs ymysg y lloffa

ddi-waed, heb dyngu llw na phlygu glîn,
heb fod ar na phigau na drain. Rhydd

fyddant drwy frathu bys ar bincas cras
yn frechiad newydd ar bapur i holl

heintiau hanes sy'n drwstan. Pinnau
penddu sy'n tynnu'r dolur o'r llwythau

a'r crawn sydd mewn cwmwd a chredo.
Ie, bydd golchi tangnefedd. Sbïwch

os na chredwch y chwedl hon. A gwelwch
ei bod mor fechan â gwniadur bys. Olew

o'r olewydd fel bo clustiau'n teimlo'n esmwyth.
Aciwbigo'r byd yn llonydd. Pin ar bin o'r Pentagon

dyma ffordd ddifyddin yr oes. Di-boen:
dathlu ar y traeth heb binnau bychain ar y croen.

The Adulterer's Tongue

Pins

('In the Pentagon, one person's job is to take the pins out of towns, mills,
fields... and save the pins for later...' William Stafford)

Like the best of worst nightmares
it will arrive without notice.

An itch in the ear dislodges thunderstones.
Only innoculation's scream can soothe it.

But when dawn's beaten back to its stronghold
the imagination can glow green as agate

and every town and field celebrate
sunset's red renaissance,

while new beaches emerge from the flood
and waves break over the dunes' finials

and there's a laser burning through the seas.
Yes, without notice. Press a thumb against

These tacks and fate's what you detonate
as whole families alter allegiances.

Merely the vaccination of a map
preserves them from history's plagues

while these blackheaded pins provide
sweet acupuncture for the sects

and draw poisons from the swollen parishes.
That's how a new order's ordained

with a missile no bigger than a thimble.
And that's no mere rumour of revolution.

There's an obvious ointment for the ear
and a needlepoint to calm the world.

While the Pentagon's armoury consists of pins
we'll be singing if not thinking in our skins.

Menna Elfyn   35

Botwm i'r Botwm Bol

*(I Fflur – ar ôl prynu yr anrheg pen-blwydd mwyaf di-werth [neu werthfawr] o
symbolaidd – sef tlws botwm bôl)*

O bob botwm a agorais, erioed, ti oedd yr un
'agorais ar lygad fy ngwisg. A'th gael yn eilun.

Y ffos fechan honno, dan fandej cêl.
Ceulo 'smotyn gwaed, ger pin diogel.

A chraith-dro arnat. Nod o'r toriad glân,
cyn ennill bloneg.Yn gwmni anniflan.

Y botwm bol? Beth yw ond brathnod o'r co'
a'r cwlwm a fu rhyngom, curiad sy'n eco

O orfoledd. Wrth it gyrraedd at ddrws –
a'r daith drwy 'lawes goch', a'r dyfod seriws

I fyd sy'n llond botymau. Rhai prin a rhai pres,
rhai sy'n agor a datod. Rhai sy'n cau'n gynnes

Amdanom. A chyfrin un fuost, fel dy fotwm cudd
dan fynwes sy'n mesur gwres pob defnydd.

A haeraf mai'r tlws glasliw ar dy fogail
yw'r papur carbon sy'n blotio'n glir holl sail

Dy fagu. Yn rhannu a thorri bol.
Botwm siâp bydysawd yw.
Nam perffaith, beunyddiol.

Belly Button Song

*(For Fflur, after buying that most worthless – or valuable – of birthday presents
– a belly button jewel)*

Of all the buttons I ever opened, you were the one
that like no other, undressed me.

That little wound tucked under its plaster
hid a bloodspot as if left by a safety pin.

For a while it seemed a tribute to a clean cut
before we separated and grew inseparable.

The belly button? What is it but memory's whirlpool,
a summer cloud between us, the little white clock

of ecstasy? But when you were born
you discovered a world that's full of buttons,

some silver, some brass, some that hold us tight or strip us bare.
What's sure is, late or soon, we're all undone.

But such a mystery you were, a little sensor
that can tell me the world's temperature,

and now I see in this blue nail in your navel
a tiny screen where I might watch you whole.

And if flesh allows us what the flesh allows
how might we ever know loneliness,
counting buttons, like the stars, between us.

Menna Elfyn   37

Darfod

Roedd rhywun wastad, ar ddarfod
ar ein haelwyd ni. Ambell waith
gwella i farw a wnaent,
graenu ar rudd cyn crafu'r gro.
Dysgem lediaith hiraeth, yn fore,
yr ymostyngol, 'Mae'n flin gen i,'
hurwyr i'r angau'n llawn ymddiheuriad.

A daethom i ddeall gyrfaoedd
galar, wrth leisio cysuron,
rhwng yr 'ymadawedig' a'r 'colledig',
daeth cystudd a thrallod
yn llwythau llaith ar riniog;
wrth y drws, amddifad rai
arwyio oedd llwnc destun galaru.

Ac ymysg yr eples, aeth epil i'r brethyn
yn llygad-sych at angau. A'r Parchedig
a fynnai, pan ddeuai'i ddydd, nad oedd
'neb i golli deigryn uwch ei fedd'.
Â'i thafod yn ei boch, dywedai mam
nad oedd am orwedd mewn mynwent

A honno ar oledd, a'r niwl yn ddi-weld.
Ie, dysychu'r meirw yn ymgom te ysgafn
a wnaethom, a nodi bendithion
'y sawl a ddiffoddodd fel cannwyll,'
neu'r un a gipiwyd oddi cartref.
Llowcwyr ing ydym, fel y sawl
wrth glwyd y llan 'slawer dydd

Yn derbyn camweddau'r rhai ar daith i'r ochr draw.
Gan adael y gweddill rai
wrthi'n poblogeiddio nod y darfodedig;
neu'n ddistaw bach, fel llau-offeiriad*
a fyn lynu at sicrwydd y diwyg du
a'i dragwyddol waith, o dorri galar,
yn ei bryd, am ryw hyd, gyda'i bader.

* *cedowrach*

Passing On

There was always someone snuffing it
in our house. Sometimes they might
get better, even the cheeks pinking up,
but pretty soon they'd be out for the count.
So, as children we became
the grammarians of grief. But really,
what was death to us but the hired man?

Oh yes, we took vows, knew vocations
in mourning, our voices an ointment
between those who left and those who lingered.
The missed and the mourned for
were gypsies with their sprigs on our steps
in the rain, and we were orphans who'd learned
just when to lift lament's bone to the throat.

Grieving's like yeast. It doesn't always
ferment. But we knew a preacher
who didn't give a fig for fate.
When my time's up, he said, don't turn
my grave into a swimming pool.
But my mother's cute. She said no way
would she lie in a slot that's on the slant

With a casket of rain on her chest.
Fact is, we bored the dead stupid with our
afternoon chitchat; dunked blessings like teabags
for all the various victims,
eating their sins for them
like those melancholy types in the church porch,
only this time with slices of cake.

So we had our uses, I suppose.
We were the celebrants who gloried in
the survivors' gospel. And modest with it, too,
I always think, like the burrs of the burdock
that stick to the priest's hassock in the graveyard
while he's busy scything away at grief
with that old prayerbook of his.

Emyr Lewis

Emyr Lewis was born in London in 1957 and brought up in Cardiff. He studied English at Cambridge and then attended University College of Wales, Aberystwyth. He won the Chair at the National Eisteddfod in 1994. His publications include *Chwarae Mig* (Barddas, 1995). Emyr Lewis is considered a master of *cynghanedd*, a system of internal alliterative patterns, sprung rhythm, rhyme and assonance, linked to ancient strict metres, some of it at least 1,500 years old. He is one of a number of younger poets who have passionately adopted *cynghanedd* and brought about a new interest in strict-metre writing. A solicitor, he lives near Swansea.

Taliesin

yn gudyll ifanc uwch Argoed Llwyfain
profais ddyfodol y byd,
hogiau'n marw drwy drais a damwain
llygaid dall a gwefusau mud,
ffroenais eu braw ar yr awel filain,
tafodais eu gwaed ar y gwynt o'r dwyrain
a gwelais drwy'r oesoedd lawer celain,
brodyr a brodyr ynghyd.

yn eryr oriog uwch caeau Fflandrys
cofiais y cyfan i gyd,
cofiais drannoeth y lladdfa farus,
gwledda brain ar gelanedd mud,
arwyr toredig yn hercian yn ofnus
a'r baw yn ceulo'n eu clwyfau heintus,
clywais weddïau mamau petrus,
a hedd yn amdói y byd.

yn bengwin styfnig ger Porthladd Stanley
eisteddais drwy'r brwydro i gyd,
llanciau ifanc lleng Galtieri
yn disgwyl diwedd eu byd;
a dyma fy hanes eto eleni
yn gwylio'r byddinoedd ar diroedd Saudi,
yn ddodo drewllyd o flaen y teli
yn heddwch fy nghartref clyd.

Taliesin

A sparrowhawk, soaring, I saw
Argoed's English auguries
and so predicted an army of days,
suns' pale faces above shields' black rims,
an empire built of empty eyes and mouths,
and I felt a wind cold as the corpse-skin
of our brotherhood.

Then I was an eagle, going somewhere else,
when I flew over Flanders and remembered then
how the future would look,
the next day's gridlock in the trenches,
the wound-psalms, the filth-prayers,
the mothers like nervous serving-girls
at the grave's banquet.

Not long ago
I was an albatross, patient above Port Stanley,
seeing Galtieri's boys
discover what the end of time feels like.
And now here comes another crowd,
their boots melting on the Baghdad road,
and the whole world watching
through a dodo's eye.

M4

Rhewodd niwl draffordd y nos
a mygu pob dim agos
yn barlys ceir a bwrlwm
chwyrlïog fel triog trwm;
trodd cyffro brwydro ein brys
yn ddawns araf ddansierus,
yn rhyw boenus grwbanu
yn ddall dan y flanced ddu.

Crebachu'n un car bychan
wnai'r byd mawr, yn gerbyd mân,
a thrydar brith y radio
ar y ffin yn mynd ar ffo,
yn hisian syfrdan, yn su
aflonydd, cyn diflannu,
cyn ffoi, a'm rhoi ar wahân
yn oglau cymhleth Baglan.

'Roedd hedd heb ei ryfeddach
o droi'r byd yn fodur bach,
o wylio dawns y niwl dall
yn arwain at fyd arall.
'Roedd y ddawns yn ymryddhad,
yn ferw i bob cyfeiriad
hyd strydoedd y cymoedd cul;
gwlad sy'n gariad, yn gweryl,
yn gaer, yn ddrws agored,
yn roc a rôl, yn dir cred,
yn rhwd, yn gymeriadau,
yn bridd, yn ddyfalbarhau,
yn ddilèit o ddal ati,
yn frad mân-siarad, yn si,
yn gôr o gyfeillgarwch,
yn llais a gollwyd mewn llwch,
yn gecraeth brawdoliaeth bro,
yn rhaeadrau, yn ffrwydro
egin Mai, yn gân mwyalch,
yn llethr cwar, yn botsiar balch,
yn adfail lle bu rheilffyrdd,
yn ddreigiau oel ar ddŵr gwyrdd,

M4

Black ice on the motorway
and the air mist-choked. Here
I am the turtle peering
from its tabernacle, the race
disintegrating around me
to a dance's blind fumble,
and every motor slow and spooked
at its own apparition.

All this world's shrunk down
to a prison cell at the edge
of a precipice, on the radio
electric birds trade
delirious texts, icy
lullabies playing the spine's keys,
while the air itself's created
by a chemistry set.

Eerie peace in the shape-
shifter's kingdom, the ghosts
outside, those sequestrators
of the light, clamouring over
this sanctuary. The motorway
might be a country in itself:
twin ganglands of love and hate,
an open door to a closed world
where heathens harp on holiness
and, as a riven earth can't be destroyed,
rust's a resurrection:
it's dream tilth, it's lover's
delight in the lover, it's
traffic's whispering campaign
and treason in the fast lane
where one's for all and all's betrayed,
where families kindle round a grudge
and language is a burned-out car
blue-white at the roadside,
where spring's a shockwave
and birdsong moves the Richter scale,
it's the pissedup proletariat

yn bwll gwag, yn ambell gi,
yn laswellt ger camlesi,
yn wawr deg, yn aur y dydd,
yn dân gwyllt yn y gelltydd,
yn wyll brith, yn wella briw,
yn ddur tawdd a red heddiw
drwy'r cof yn rhaeadrau coch,
yn swta, 'n agos-atoch,
yn llafn cyllell fain cellwair,
yn dro gwael, yn dorri gair,
yn driw, yn haelioni'n drwch,
yn gyrhyrau teyrngarwch,
yn filgwn brau rhyfelgar,
yn eiriau sgwrs wresog wâr,
yn lo mân, yn g'lomennod,
yn ddal dig hen diawled od,
yn fois iawn efo synnwyr
anghyffredin, gerwin gwŷr
calon feddal a chaled,
yn wmpapa-râ parêd,
yn seiat democratiaeth,
yn aer ffres, yn eiriau ffraeth,
yn rhyddid…
          ond llofruddiwyd
fy awen dan wlanen lwyd
y niwl, â sgrech technoleg
y radio'n rhwygo fel rheg.
'Roedd gweddi yn llenwi'r lle:
sŵn côr yn seinio Kyrie
i'r byd mawr, i stribed main
coridôr ceir y dwyrain,
i gwmni saff y draffordd,
yn rhannu ffydd yr Un Ffordd,
yn gyrru tua gorwel
ei diwedd hi, doed a ddêl.

laughing in the ha-ha
and hooded teens standing in clumps,
it's a branch line without leaves,
and sulphur in Llewellyn Street,
Alsatians and padlocks,
canals lifeless as bowling greens
and a sky full of flamingos
with evening's ingot
cooling above Craig Constant,
it's humour hidden like a shiv,
an alphabet's radiotherapy,
it's truth observed at freezing-point
and loyalty with a new tattoo,
it's dogtrack betting on the war,
a weather forecast for language,
it's clichés given mouth-to-mouth
and a diabolic status quo,
unusual suspects talking
sense, it's love disguised, its
parades of kids with their kazoos
around our glass-walled parliament,
it's fresh air, it's fighting talk,
it's freedom…

                        it's how poetry's killed
by claustrophobic souls,
it's technology's hex
hissing in our heads. But there are
prayers too that can fill the mind
and music that might serenade
all creation, as now
traffic lines up in its nave
and surely this is the one
direction we must take, where
the coming and the going are the same.

Yr Aes

Awel Ionawr fileinig,
eira mân yn chwarae mig
rhwng llafnau y golau gwan,
rhwydwaith y lampau trydan.

Dynion mewn ceir diwyneb
fel malwod, yn 'nabod neb,
dynion neis, gwâr, dinesig
ar frys yn llif yr awr frig,
linell am linell ymlaen,
dewrion y strydoedd diraen,
heibio'r sêls yn ddiberswâd,
yn gyrru'n ôl at gariad.

Sych heno peswch henaint:
gafael cadarn haearn haint
fel gefel mewn ysgyfaint.
Egar yw gwasgu agos
y pinsiwrn yn nwrn y nos.
Mae o'n oer, mae o' aros.
Yng nghanol ei guwch solet
yn grimp y mae sigarèt
yn dân o hyd dan ei het.
Rhwygo brwnt y barrug brau
yn iasoer ar ei goesau,
a llwydrew'n startsio'r llodrau,
yn brathu'r croen drwy'r brethyn
sy'n frau a thenau a thynn:
yntau ar goll fel plentyn.

Dyma gaethglud y mudion
heb lais yn eu Babilon.
Gobaith yw'r car sy'n gwibio,
cwrs ar hyd tarmac y co'
i wal frics. Mae awel fraith
uffern y strydoedd diffaith
yn adnabod anobaith.

The Adulterer's Tongue

The Hayes

January's Janus wind,
and a now-you-see-it-now-you-don't
kind of sleet in and out of
the lamp posts' guild of beams.

Men in the darkglassed cars
slick as slugslime, strangers here,
though decent types without a doubt,
all urgent in the dusk's commute.
But can there be an end to them,
these heroes of exhausted thoroughfares,
migratory come closing time,
toying with temptation, choosing home.

That old cough is back tonight,
its pestilential iron
a firetongs that grip the lungs
with a dark that presses inward
like the vector of the vice.
It's cold, most like to stay that way,
but here he is with usual fag
under that frown-eclipsed face,
ecstasies of brittleboned frost
in papercuts over his skin,
hunched, winter-stiffened, a refugee
from ice in the season
of lost children.

Now there's a shackle on the tongue
of all these badlands voices,
while hope's a write-off in the streets,
shrinking with every passing car,
and even the wind's shifty
and uncertain, as if it blows
through Babylon.

Sacs

Un diwrnod fel Sadyrnau
hen-ffasiwn pan oeddwn iau,
a'r haul yn serio'r hewlydd,
yn gyrru'i dan drwy Gaerdydd,
a hi'n brynhawn berw'n hwyr,
seiniodd ar gyrion synnwyr
alaw sacs; anadl o swn
cynnil fel llais ci Annwn,
fel neidr fêl o nodau
yn llithro, gwingo a gwau;
rhwygo triog tew'r awyr
yn llafn dawel ddirgel ddur
o chwant hyd y palmant poeth
drywanai frys di-drannoeth
y ddinas; trwy balasau
yr arcêds ar amser cau
heb ei weld, fel dewin bu
y miwsig yn tresmasu,
a sleifio'n flws hylifol
dan ddrysau'r banciau, heb ôl
o'i alaw fain cŵl a fu
fel enaid cyn diflannu
ond nwyon blin y ddinas
am ein sodlau'n glymau glas
yn darnio'r holl Sadyrnau
hen-ffasiwn pan oeddwn iau.

Sax

I recall days of burnishings
as Saturdays were supposed to be,
the city's blazing latitudes
and time stuck between afternoon
and evening, the air sunstruck
and bluesy with a busker's tune;
but an undercurrent always –
the whispering of an avatar
leaving every city soul snake-
charmed upon the hot concourse,
as if this was the last day of our lives
and we dumbfounded by desire,
a vision of what was or what could come
born in a moment, glimpsing
at last the minarets
that rose above the officeblocks,
the voluptaries of peaches
scenting the air. That was a world
I'd infiltrate as the sax's
silver threaded through my blood,
until crowds on metronomic heels
poured back upon the boulevards
and left me standing once again
amongst my ruined Saturdays.

o 'Chwyrldro'

Uwchlaw tân machlud heno
mae cymylau'n sy'n glapiau glo
yn gloywi 'ngwagle awyr,
ar dân, ac mae procer dur
awyren wib yn taro
yn glats ar y talpiau glo.

Isod, mae darfod y dydd
yn dafluniad aflonydd
dros gryndod aur sgrîn y dŵr,
dros ôl mochyndra salw'r
holl lygredd fu'n nadreddu
yn ddwfn yn yr afon ddu.
Awr o gelwydd yw'r golau;
lledrith fel rhith camerâu
ydyw hud darfodadwy'r
fflamau hyn, fel pob ffilm hwyr.

Yma yn gwylio'r fflamau,
heb gydio dwylo, mae dau;
dau hen gariad yn garreg,
yn bâr coll, heb air o'u ceg;
mae dyrnau cau yn y co'n
chwalu tân machlud heno.

Heno, mae pig pob migwrn
yn wyn gan mor dynn mae'r dwrn
yn gwasgu cnawd ac asgwrn;

dyrnau'n cau, a phob cyhyr
yn dynn fel rheffynnau dur,
yn dal i guddio'r dolur.

A chreithiau hen glwyfau'r glo
yn ddulas yn ei ddwylo,
nid yw pyllau'n cau'n y co'.

*

from *'Revolution'*

Above us, where the clouds'
clustered anthracite has lustred
all the air, sunset's on fire,
while brilliant too, an aeroplane
like a poker that glows
steely amongst the coals.

Below, the day diminishes,
a rite reflected on the stream's
goldleaf, over all the serpenting
shadows this current has known,
souring in every depth
the righteousness of water.
Soon, the liar's daylight's due
when lenses show the flames are dulled
and we can simply channel surf
the screen's consumptive magics.

Here's two now, watching their fire
but not warming their hands,
two who were wedded to the seams,
evicted and struck dumb by it,
this impotence that fails the fist;
they're back to boyhood, spilling sparks.

Shut shaft, but here's a shift won't end:
every night's white knuckle time,
these fists must seek a fate beyond

the flesh and bone, these muscles
flexed to grieve must steel themselves,
are held here hawser-tight.

Blueblack as surgical stitch
coal scars scandalise their hands.
It's in the palm a pitwheel turns.

*

Oer yw tawch awyr Tachwedd
fel bys o afael y bedd,
yn cydio yn y coedydd
digalon a surion sydd
â'u gwreiddiau fel dyrnau'n dal
er rhynnu'n y tir anial,
a'u gafael ddi-ffael fel ffydd
yn hollti pridd y gelltydd.

Ger y pwll mae grŵp allan
yn ceisio twymo ger tân,
yn erlid peth o'r hirlwm
o'u traed gyda'u stablach trwm,
yn disgwyl ac yn gwylio
yno'n stond, hyd nes daw o
drwy'r gwyll, a phelydrau'i gar
yn lluchio'u golau llachar
i ergydio ar goedwig
ddifaddau y dyrnau dig...

November night's a crypt
that brings a chill to every man
when even the conifers conspire,
the disillusioned, the disappointed,
furious with a faith that failed,
rootballed fists that once split rock,
hollowed these hills, shaking now
at a desert of empty drams.

Nearby's a gang that's trying
to keep warm, their stamping feet
a prosecution of the dark,
keeping vigil in this place.
They're waiting for the scabs' headlights
to infiltrate the trees,
illuminate their rage…

Llundain, 1792

Ffyrniced yw'r gwynt ar Dafwys, y gwynt mawr perig,
Sy'n gyrru o'i flaen frawdgarwch ac ymryddhad
Yn alaw o Ffrainc, yn eiriau brwd o'r Amerig,
Yn gynnwrf melys, yn gyffro sibrydion brad;
Ac er distawed yr awel, mor anweledig,
Yn Lambeth dyner, eto mae'r corwynt brith
Yn cyrraedd y Proffwyd Gwyllt ar hyd strydoedd siartredig
Nes priodi Nefoedd ac Uffern yn un rhith;
Mae'n cyrraedd y Twyllwr Talog ar Fryn y Briallu
Uwch Parc y Brenin, ac uwch na'r palasau i gyd,
Sy'n hawlio yn ôl i'r werin y grym a'r gallu
Yn wyneb haul llygad goleuni'r byd;
Ffyrniced, cyn chwythu ei blwc a'u gadael dro,
Y naill yn ei Ddinas Sanctaidd, y llall yn ei Fro.

London, 1792

There's a whirlwind cutting up the Thames –
twister of guillotine music, American
voices in a vortex where new language is made.
And how sweet to be swept along with it:
here's mad Blake with such weather
electric on his skin, doing the Lambeth Walk
through Heaven and Hell, and there's Iolo,
costumier of dreams in a prehistoric
pantomime, dressing druids on Primrose Hill.
They heard it coming: know that when a beggar
lifts palladium eyes everything's possible.
So when that hurricane wanes these poets
will stay acquainted with the storm, the one
preparing prophesy, the other holy lies.

Iwan Llwyd

Iwan Llwyd was born in 1957, educated at the University of Wales, and lives near Bangor. He won the Crown at the National Eisteddfod in 1990. Widely travelled in Europe and the Americas, he and fellow poet Twm Morys produced the volume *Eldorado* (Gwasg Carreg Gwalch, 1999) about their travels in South America. His other volumes include *Dan Fy Ngwynt* (1992) and *Dan Ddylanwad* (1997), both from Gwasg Taf. Iwan Llwyd is also a musician, playing in a variety of bands, and has been at the forefront of the recent upsurge in the live performance of Welsh-language poetry. In 2003 he published *Be 'di Blwyddyn Rhwng Ffrindia* (Gwasg Taf).

Ceir

Bore o Fai crasboeth yn Memphis:
damwain ar y interstate:
corff llonydd, di-gynnwrf yn yr haul
a'r ddawns wedi peidio:
pick-up Chevrolet yn sefyll,
yn cadw gwyliadwriaeth,
a gwydr ei lygaid yn deilchion:

Graceland yn deffro'n osgeiddig
i dderbyn y pererinion prydlon,
parêd o selogion y brenin,
yn wylo'n ddefodol uwch ei fedd,
a thu draw i'r graffiti
a phrysurdeb y traffig
ar yr Elvis Presley Boulevard,
ei Gadilac pinc yn sefyll yn amyneddgar,
a'r injan yn fud.

Y Lorraine Hotel, a haul boliog Memphis
yn edmygu'i hun yn machlud yn ffenestri'r Peabody,
a than y landing lle saethwyd Martin
mae dynion y ffair a'r farchnad yn cau'u stondin,
gwraig yn protestio o blaid y di-gartref,
yn cadw'r fflam yn fyw,
ac Oldsmobile a Pontiac,
a hebryngodd y proffwyd yma
dros chwarter canrif yn ôl
yn llechu'n y cysgodion
rhag gwres diwedd y prynhawn:

pan fo anadl America'n peidio
ceir llonydd yw'r cyfan sy'n aros.

The Adulterer's Tongue

Automobiles

It's a scorching May morning in Memphis
and there's a pileup on the interstate
with a body splayed out not even twitching in the sun,
and all this parade on hold
with a Chevrolet pickup, windshield
stove-in, waiting in some kind of vigil.

It's early but Graceland's gates
already receive the first sinners,
the King's zealotry scrolling down
their registers of grief at his monument,
while beyond the graffiti
and traffic's metronome
a pink Cadillac stands unhotwireable
out on Elvis Presley Boulevard
awaiting the resurrection.

By sunset the Lorraine Hotel's a fiery
doppelganger of itself in Peabody's department glass,
and under the balcony where Martin was shot
the carneys and the conmen are shutting their stalls,
and some woman, trying to keep his flame alive,
collecting for the homeless,
while the Olds and Pontiacs
that brought the prophet here
a quarter century ago
are submarines in shadows
at the end of the hot afternoon.

American heartbeat, American breath;
the dark cortèges idling in the dust.

Far Rockaway

Dwi am fynd â thi i Far Rockaway,
Far Rockaway, mae enw'r lle
yn gitâr yn fy mhen, yn gôr
o rythmau haf a llanw'r môr:
yn sgwrs cariadon dros goffi cry
ar ôl taith drwy'r nos mewn pick-up du,
yn oglau petrol ar ôl glaw,
yn chwilio'r lleuad law yn llaw,
yn hela brogaod ar gefnffordd wleb,
yn wefr o fod yn nabod neb:

dwi am fynd â thi i Far Rockaway,
Far Rockaway,
lle mae cwr y ne
yn golchi'i thraed ym mudreddi'r traeth,
ac yn ffeirio hwiangerddi ffraeth,
lle mae enfys y graffiti'n ffin
rhwng y waliau noeth a'r haul mawr blin,
lle mae'r trac yn teithio'r llwybr cul
rhwng gwên nos Sadwrn a gwg y Sul,
a ninnau'n dau yn rhannu baich
ein cyfrinachau fraich ym mraich:

dwi am fynd â thi i Far Rockaway,
Far Rockaway,
lle mae heddlu'r dre
yn sgwennu cerddi wrth ddisgwyl trên
ac yn sgwrsio efo'u gynnau'n glên,
lle mae'r beirdd ar eu hystolion tal
yn cynganeddu ar bedair wal,
yn yfed wisgi efo'r gwlith,
yn chwarae gwyddbwyll â'u llaw chwith,
mae cusan hir yn enw'r lle –
Far Rockaway, Far Rockaway.

Far Rockaway

Though it's far away will you follow me down
to Far Rockaway, Far Rockaway,
its name sings golden as guitarstrings
or a street choir becoming an ocean,
or lovers who have turned in here
off the night's turnpike, whispering over black coffee,
gasoline and fine rain on their clothes,
two moonwatchers touching fingertips,
counting back the backroads' roadkill,
certain there's been no one like them before.

Though it's far away will you follow me down
to Far Rockaway, Far Rockaway,
where stars change places above the bay
and the air is filled with acid lullabies,
where grafitti paints its rainbow
over every brownstone neighbourhood,
and even saturnalians have understood
that soon they must turn home
like rats under the subway track,
and where the two of us walk city streets
carrying each other and our secrets.

And though it's far away will you follow me down
to Far Rockaway, Far Rockaway
where, as they're waiting for the 'A' train ,
the NYPD will write love songs
about the good karma loaded in their guns,
and the bards will vote on vowels
from their barstools, mixing dew and Dewar's
over left-handed chess, and all seek
the consecration of a kiss today
in Far Rockaway, Far Rockaway.

o 'Woodstock'

Mae'r El Buen Samaritano yn cael ei hysbysebu
yn Sbaeneg ym mhob toriad rhwng y rhaglenni,
gei di ffonio'r rhif rhad a chyfrannu
dy geiniogau prin i gynnal ei weinidogaethu;
ac mae sianel ddiddiwedd y newyddion tabloid
yn ddigon i yrru'r sant mwyaf yn paranoid,
rhwng yr achosion enllib a'r cyhuddiadau
fod gan un ferch fach dri ar ddeg o dadau,
a'r creaduriaid anffodus fel John Wayne Gacy
wnaiff ei ffortiwn ar ôl ei ddienyddio drwy werthu ei stori,
am y tri ar ddeg a thrigain o fechgyn ifanc
a fanteisiodd ar ei groeso a chael eu tagu'n ei grafanc:

fe ddalia'i'r blws yn ôl i Woodstock am fy mhechode,
drwy'r glaw man a 'r traffig, drwy'r mellt a'r tyrfe,
dal reid ar y Greyhound yn ôl i'r chwedege
a thwneli Efrog Newydd yn cyfeirio fy siwrne,
dod allan i'r golau ar yr Interstate
a Manhattan dros yr afon yn disgleirio'n sidêt:

heibio'r corsydd a'r trailer parks a swbwrbia New Jersey,
ar y draffordd ddiddewidd sy'n ymestyn i Gymru,
y truck-stops a'r diners a'r maestrefi siopa,
ac ambell i fynwent yn drwm dan floda,
heibio'r trycyrs a'u llwythi gan oddiweddyd
ar yr ochr i mewn er mwyn cyrraedd rhywbryd:

daw'r haul i nghroesawu ar fryniau'r Catskill,
a'r bythynnod pren i sbecian drwy'r coed yn sifil,
o'r coedwigoedd cwyd hebogiaid a chlywaf emynau'n sisial
o'r eglwysi gwynion a'r pentrefi bach petryal...

*

from 'Woodstock'

El Buen Samaritano keeps reappearing
in every commercial break: good deal – you phone him for free
and your credit card builds his church:
all these nonstop newschannels could make a saint suspicious,
switching between the libel suits and the claims and counter
claims –

which of these thirteen men is this kid's father?
And then what about creatures like John Wayne Gacy,
rich and famous after execution by the state
for welcoming seventy-three young men
into his house and then choking them to death?

Well, for what it's worth, I'm getting the bus back to Woodstock,
travelling through the drizzle and then the thunderstorm,
taking a Greyhound ride back to the 'sixties,
going out under New York and past the Palisades
and when I stick my head up again I see the interstate lights,
with Manhattan over the river and ablaze:

and on past the wetlands and the trailerparks and all of
sprawling Jersey
along the endless turnpike that stretches back to Wales,
with pull-ins and diners and a million shopping aisles
and sometimes a churchyard festering with flowers
and not even a sign of a truck hauling god-knows-what to
god-knows-where:

and then the sun comes up over the Catskills
and there are slatted houses half hidden in the trees
and redtailed hawks quartering the woods, and I hear
the whisper of prayer from some whitelimed church...

*

fe ddaethom i Woodstock a'r felan arnom:
'Crist yw fy angor yng nghanol y storom'
meddai'r poster yn melynu ar wal yr eglwys,
a minnau heb ddim ond dychymyg i'n tywys:
siopau bwyd cyflawn ac orielau cain
a hipis mewn Porches a chŵn heb ddim chwain:
'Dan ni'n chwilio am Woodstock?' – 'Ia, dyma'r lle,
ond fuodd yr ŵyl ddim yn agos i'r dre.
Doeddwn i'm yna fy hun, ges i ddamwain cyn cyrraedd,
ond fe arhosais i yma, mae'n gymuned mor waraidd:'

*

pan wyt ti'n chwilio am Woodstock, dim ots ym mhle
y dywedodd rhywun y cei hyd iddo fo:
mae Woodstock yn y cae nesa bob tro.

I went to Woodstock with the blues in me:
'Christ is my anchor amidst the storm'
said the forgotten poster on the church wall,
and now here I am, delivered by the imagination,
amongst the wholefood stores and the art galleries,
with Porsche-powered hippies and their French poodles:
'Looking for Woodstock? Yeah, those were the days.
But the festival wasn't held this close to town.
Course, I never went myself, had an accident just before.
So I stayed here. Maybe it's more civilised.'

*

Because when you're looking for Woodstock
it doesn't matter if someone tells you where it is.
Woodstock's always going to be a little bit further on.

Harley Davidson

Mae o'n ddiwydiant erbyn hyn –
cynhyrchu'r freuddwyd:

yn llond ffatri o ddynion a merched blinedig
yn chwysu uwch y peiriannau,
yn ysu am hanner awr ginio,
yn rhegi'r polisi 'dim smocio',
yn herio'r diwylliant corfforaethol,
yn cynllunio yn undebol,
yn gwylio'n chwerw a chwilfrydig
wrth i ni,
y twristiaid dillad haf,
ddod i chwilio'r freuddwyd:

dydi o'n rhyfedd –
ystyriwch y peth;
saith canrif yn ôl
bu cofis dre
yn crymu dan bwysau meini'r Sais,
yn ail-drefnu sbwriel llys Llywelyn,
i'w codi'n gaer yn Arfon,
er mwyn i ni heddiw
farchnata adfeilion eu llafar;

a dyma ninnau
yng ngwlad yr addewid
yn gwylio'r gweithlu
yn cynhyrchu breuddwydion:

nid yn eu cipio o'r awyr
fel cymylau,
na'u dal fel dail yn disgyn
o ganghennau'r awen:

ond yn mynd ar eu gliniau,
yn gosof plygiau, yn cysylltu gwifrau,
yn rhoi sbardun dan olwynion,
yn gosod teiar a ffendar a phŵer at ei gilydd,
yn tanio peiriannau'r freuddwyd,
yn gyrru grym drwy'i cherbyd:

Harley Davidson

Entirely an industry
to process a dream:

a plant full of pissedoff men and women, their
perspiration on the chrome, their
willing on of the dinner break, their
cursing the no smoking ordinance, their
carping at all the corporate bullshit, their
planning, their organising, their
looking at us as if to ask who the hell we think we are,
the visitors in leisurewear
come to ride the illusion:

but it's not so unusual –
consider this;
seven centuries back
the Welsh were bluecollar workers riding pillion in their own
backyard,

sifting the rubble of their leaders' forts
to build English castles.
So that today
we make big business
of our ruin:

and now here we are
in a promised land
watching drones
deliver dreams:

but where's the inspiration?
The lightning tree's unstruck:

so they're down on their knees, fixing sparkplugs, connecting
wires,
with tyres and pistons joining one thing to another so
that lo and behold the dream is firing on every cylinder:

and though there's a grime of oil and grease and disappointment
blackening the hands, exhausting the young,
any shift's half proud despite itself
when the fantastic wheels start turning:

Iwan Llwyd   69

yn baeddu'u dwylo, yn heneiddio'n ifanc,
yn fudur gan olew a saim a siomiant,
a syrffed y llinell gynhyrchu,
ac eto'n hanner balch, hanner bodlon
wrth weld yr olwynion yn troi,
yn troi'r ffantasi'n ffaith:

wrth weld y freuddwyd yn cludo
un cwsmer hapus arall
i hollti'r gwynt
ar Harley Davidson dros Bont y Porth Aur.

The Adulterer's Tongue

because the axestroke of a Harley along the Golden Gate Bridge
means another tourist rolling off the assembly line.

'Meet me at the St Francis'

(Objects in the rear view mirror are much closer than they appear)

Yn y drych maen nhw'n nes
nag y mae rhywun yn ei feddwl:

wynebau coll, gobeithiol Ellis Island,
a Chymraeg hiraethus Philadelphia,
cefnau crwm a sgertiau byrion
merched Harley Davidson
a sgidiau cowboi Nashville,
dawns y duon dan haul Memphis
a rhythmau rhyddid y blŵs,
enwau'r Cymry ar feddau New Orleans
a'r Mississippi yn derbyn ein pechodau i gyd,
y Route 66, yn dal i'n dwyn ar drywydd y freuddwyd
a rhwydi'r Nambè yn ei dal
yn ddiogel drwy'r nos ddi-gwsg
tra bo'n hunllefau yn cael eu gollwng
i ddyfroedd oer y Môr Tawel
fe welai'i di yn y St Fransis,
a chwch breuddwydion
yn torri crych drwy'r bae:
fe deimlaf ei donnau
yn siglo fy fferi innau
wrth droi am adre,
a Ffrisco dros y bae
yn gyffro i gyd.

Yn y drych maen nhw'n nes
nag y mae rhywun yn ei feddwl,
y breuddwydion a barodd i ni heidio
drwy dwll nodwydd y Porth Aur.

'Meet me at the St Francis'

I think things in the mirror
might be closer than they seem

like all that hope and lost hope in those Ellis Island faces
and all that sweet and deathsentenced Philadelphian Welsh

and all those girls in miniskirts and Nashville cowboy boots
flatbacking on their Harley Davidsons

and the blacks down in Memphis teaching the world
about the blues and how you can even dance to it

and the immigrants with their epitaphs already written on the
                                                    Mississippi
sinking with their sins to be reborn in New Orleans

and the Route 66 dreamcatcher
which hangs over the sleepless American night

and casts all our nightmares into the Pacific
So I'll see you in the St Francis

and I know everything's going to be all right
just as long as we make it over that stormy sound

and I can feel the ferry rocking as we move against the waves
as it's taking me home where I belong

to fabulous
Frisco across the bay:

and yes, things in the mirror
might be closer than they seem

but if the Golden Gate's the eye of the needle
think of all those dreamers passing through.

Y Corryn

Roedd ei we'n berffaith
ac yntau'n gorffwyso
yn y canol llaith:

treuliodd oes yn nyddu'r heulwen
yn gylch o wlith;
a'i lafur ar ben

gwrandawai ar y glaw'n
diferu rhwng y llinellau,
yn treiglo'n ddistaw,

a'r Ddwyfor yn ei lli'
yn llwyd ac anniddig,
yn cwympo'n ddigwmpeini,

yn cyrchu'r dŵr hallt
rhwng creigiau'r hydref
a'r llwyni hirwallt;

yntau'n amyneddgar
yn gweu ei batrymau'n
gynghanedd wâr,

yn mesur y pellter
rhwng y cyrion a'r canol,
yn dwyn o'r sêr

ddeiamwntiau i ddenu'r
trychfilod tua'r llonyddwch
ar hyd y llinynnau dur:

daw awel sydyn
a chryndod drwy'i batrymau;
saif fel hen ddyn

dan y dail melyn,
a phlethu'r cyfan
i'w gyfansoddiad ei hun.

Spider

Once the web was perfect
it rested in its weft.

It had spent an age plaiting sunlight in the dewzone;
and now that work is done

it listens to the rain's scansion of its lines, then again
the quiet mutation of the rain.

Above the river that runs out of sorts with itself,
uncompanionable cascade, rough

through the lichened world with its sights set on the shore,
the spider, patient predator,

stays studious at its script,
weighting every pearl in its province.

Then a sudden breeze sends shivering
the whole immaculate scheme of things

And there I stand like an old man
with the bad breath of autumn

splicing the spell
into my own webbed chronicle.

Gwyneth Lewis

Born in Cardiff in 1959, Gwyneth Lewis was educated at Cambridge, Colombia (where she worked with Joseph Brodsky), Harvard and Oxford. She has worked in south-east Asia and until recently was a producer with the BBC in Cardiff. Gwyneth Lewis is the only poet who publishes distinguished original work in both English and Welsh. Her English poems appear from Bloodaxe, in volumes including *Parables & Faxes* (1995), *Zero Gravity* (1998) and *Keeping Mum* (2003). In Welsh her work includes *Cyfrif Un ac Un yn Dri* (Barddas, 1996) and *Y Llofrudd Iaith* (Barddas, 1999, from which all but one of her poems here are taken). She is the recipient of a European 'Nesta' award, allowing her and her partner to sail to several of the world's ports associated with the Cardiff coal trade.

Cyfweliad â'r Bardd

'O edrych yn ôl, rwy'n beio'r cyfieithu.
Dechreuais yn un naw saith deg tri
ar iard yr ysgol. Dim ond tipyn o sbri
oedd e i ddechrau – ambell reg
am y wefr – *fuck off* – a hoffais deimlo mwg
ail iaith yng nghefn fy llwnc a brath
chwerw ei gemeg. Symudais ymlaen
at frawddegau cyfan y tu ôl i'r sied
ac yn sydyn roedd gwersi am Ddewi Sant
yn llai na diddorol. Dechreuais ar brint,
darllen Jeeves & Wooster, straeon James Bond
wedi eu cuddio mewn cloriau Cymraeg.
Gweithiodd hyn am beth amser, nes i Mam
ddarganfod Dick Francis tu fewn i'r *Bardd Cwsg*
un nos ar ôl capel. Fe ges i stŵr
anhygoel a chrasfa. Roedd hithau'n wraig bur:
un iaith am oes. Ond roedd e'n rhy hwyr
i fi erbyn hynny. Symudais ymlaen
at Ffrangeg a ffroeni geiriau Simenon
a Flaubert. Rown i'n darllen mwy
i gael yr un effaith nawr, a rhwng pob pryd
yn traflyncu geirfa rhag bod yn chwys drabŵ
yn y dosbarth. Un noswaith mi gefais lond bola o ofn.
Ar ôl darllen llawer gormod o Proust
llewygais. Es yn ôl at y Gymraeg
yn unig am dipyn. Ond roedd fel uwd
dihalen ar ôl siwgr blas
fy nanteithion tramor. Cyn bo hir
rown i'n ôl yn cyfieithu ond nid oedd tair
yn ddigon o ieithoedd. Trois at yr Almaeneg
a Rilke, gan fod y sŵn 'ch'
yn gyfarwydd eisoes. Y mae rhyw
yn rhan o'r broblem i ffetisydd iaith
fel fi. Byddai *umlaut* yn codi chwys
arnaf am oriau. Y mae angen dyn
amlieithog arnaf, ond mae'r rheiny'n brin
yn yr ardal. Yn briod. Pe buaswn i
wedi 'nghadw fy hun yn lân a'm chwaeth
yn fwy syml, byddai'r Gymraeg
yn fyw heddi…
          Ditectif. Rych chi'n dod o Japan,
ynganwch air neu ddau yn fy nghlust
i roi rhyw syniad. Plîs, Ditectif. Rwy'n begian…'

The Adulterer's Tongue

Interview with the Poet

Looking back, I blame translation.
I began in 1973
in the schoolyard. It was only a bit of fun
to begin with, some swearword – *fuck off* –
for the thrill of it, and I liked that feeling,
the smoke of a second language at the back of my throat,
the bittersweet tang of its chemicals. I moved on
to whole sentences behind the shed,
and pretty soon, lessons about Saint David
were less than riveting. I went on to books,
reading about Wooster and Jeeves, James Bond's
adventures hidden in a copy of *Barddas*.
It continued like that till one night after chapel
my mother discovered Dick Francis within some
devotional poetry. And there was hell to pay.
You see, she was always a faithful woman;
one life, one language. But it was too late
for me by then. And I moved on
to French, truffling out the words of Simenon
and Flaubert. I was reading more
to get the same buzz now, and between periods
I was gulping down glossaries for fear I'd show
my junkie's sweat in class. One night, I nearly finished myself.
Overdosing on Proust,
I keeled over. After that, I went back to Welsh
for a while. But it was tasteless pap.
How I craved those exotic spices. Before long
I was translating again, but by then three languages
were not enough. I turned to German
and Rilke, familiar already from that
'ch' sound. Of course, sex was part
of the problem to a language fetishist
like me. An *umlaut* could turn me on
for hours. What I really needed was a multilingual man
but they're hard to find
in these parts. Or married off. Yet if I'd kept
myself clean and my tastes simpler, the Welsh language
would be alive today…
                              Detective. You come from Japan,
whisper a word or two in my ear
to give me some idea. Please, Detective. I'm begging…

Gwyneth Lewis   79

Dechrau'r Anghofio

Heddiw trodd y sigl-di-gwt
yn *wagtail*.
Gwyliais yn ofalus
wrth i wasg y nant
symud papurau newyddion y dydd
i lawr o'r mynyddoedd
i'w rhwygo'n rhacs
ym mheiriant y pentref.

Ni hidiai'r *wagtail* –
roedd yn hunan-gytûn
fel o'r blaen
ac yn moesymgrymu'n ddwfn
i'r golau a'r cerrig.
Doedd e ddim i'w weld
yn aderyn mwy chwim
er bod ganddo lai
o gytseiniaid i'w cario.

Gwichodd *swallows* Sir Aberteifi
uwch fy mhen,
eu hadenydd fel corcsgriw,
yn agor gwin
rhywiol y noswaith.
Mae eu cri
yn rhan annatod
o'm henaid i,
sŵn eu hoen
yn ddyfnach nag ieithwedd,
neu ddistawrwydd, neu boen.

Beginning to Forget

This is the moment the *sigl-di-gwt*
turns into the *wagtail*.
I watch her carefully
while the stream screams scandal
over the mountain
but there is no one in the village
who cares for such news

And of course the wagtail pays
no attention to this.
How self-assured she is,
as usual reserving her reverence
for light, for earth only.
This is the bird I've seen
vanish quicker than
a dropped consonant.

Meanwhile it's *swallows* from now on
above my head.
Once there was nothing sexier
than the squibbing
gwenoliaid of Cardiganshire,
their corkscrewing wings opening the wine
of twilight. Their language
was written in my spirit:
their chorus the sound of being alive,
deeper in me than any words of mine,
or any silence, any pain.

Bardd yn Pysgota

Roedd hi'n ymarfer psygota plu
ar hewl y mynydd. Un – dau – tri.
Chwip nôl â'i harddwn, yna taflu'r lein
am garreg arbennig ar wyneb dŵr
y tarmacadam. 'Dyw hi ddim yn hawdd
byw mewn lle bach pan fo arnoch chi
chwantau anferthol.' Chwip gyda'r llinell
ac mae'n llwyddo i ddal mellt
ac ystlumod. 'I mi, Ditectif, decreuodd y drwg
yn yr ysgol. Roedd yna deulu dwad
a'r ferch heb ddysgu siarad Cymraeg.'
Roedd hi'n taflu'n bellach nawr, am y clawdd,
ac yn ôl i'r gorffennol. 'Rown i'n chwarae gêm
ac yn sydyn fe ddrechreuodd y ferch
fy nhagu. Edrychais ar garrai'i hesgidiau hi
wrth i mi farw. Aeth y byd yn bell
ond clywn gefnforoedd y tu mewn i'm pen
cyn y llewygu. Gwisgais gleisiau ôl ei bodiau
yn addurn am dridiau. Maen nhw'n dal i losgi.'
Chwibanodd y lein wrth iddi gyrraedd y glwyd,
yna'r cae y tu hwnt. Yn sydyn, daeth cri
cwningen yn sgrechian. Â'r wialen yn grwm
teimlodd fachyn yn sownd yn ei chalon.

The Poet Fishing

She was practising fly fishing
on the mountain road. One, two, three!
Whipping it back with her wrist, then casting the line
at a special stone on the lakelike
tarmacadam. 'It's not easy
living in the back of beyond. Especially when you have
these... desires.' She was so skilled
she could catch lightning
and pipistrelles. 'You see, for me, Detective, the rot
set in in school. There was an immigrant family
there, and the daughter hadn't learned Welsh.'
She was casting further now, over the dyke,
back into the past. 'We were playing this game
when suddenly the girl began
to choke me. She pushed me down till I could see my face
in her shoes, I thought I was dying. All the world
seemed faraway and I heard waves crashing in my head
before I fainted. Her thumbs left me with
a necklace of bruises. And they still burn.'
The line whistled as it passed the gate
and flew over the field beyond. Suddenly,
a rabbit was screaming. And she felt the rod
grow heavy with the hook in its heart.

Defod

Ar fy nghwrcwd, rwy'n gwisgo hollt y drws
fel mwgwd lleidr. Heb yngan gair
mae'r bardd yn matryd, yn ei gosod ei hun
yn noeth, fel ysglyfaeth, ar allor oer
slabyn y cigydd. Y mae dur
ei gyllell fel mellt, ac mae mwclis o iau
yn addurno'i gwddf. Cyn pen dim
mae'r offeiriad yn ôl ac yn gosod rhwyd
o'r cig eidion teneuaf fel haen o lés
ar hyd ei chluniau. Yna carrai o waed
creadur arall ar hyd ei thraed,
yn sandalau ysgarlad. Sut y daeth
merch hynaf yr iaith i chwarae â phoen
anifeiliaid fel addurn, fel pe bai trais
yn gallu troi'n gariad wrth wisgo'r tu mewn
yn llythrennol tu allan? Mae'n gorwedd yn llaes
ac amynedd geisha, tra bo gwregys poeth
o ymysgaroedd yn cadwyno bogail a chlun
at ei hystlysau. Defod ddiangau, ond mae llafn
wrth ei llwnc hi. Ac rwy'n siŵr iddi 'ngweld
yn ei gwylio, ei llygaid ar agor led y pen
wrth i'r cigydd loddesta ar farmor ei chefn.

Ritual

Crouching, I'm like some sneakthief, eye
pressed to the keyhole. Without a sound
the poet steps out of her underwear
and arranges herself, a white trophy,
on the butcher's block. His steel is
static electricity and soon there's a raw
liver necklace around the poet's throat. Before long
this priest–butcher lays a lattice
of the finest sliced beef like a doily
over her thighs, then binds some other creature's blood,
black as Spanish, around her feet.
Yet why does the language's most responsible child
become arrayed with such leavings and lights?
It's as if rape becomes rapture
when a woman wears her heart on her sleeve.
Now she lies aloof, showing a geisha's
patience while guts in a hot girdle,
linking belly to thigh, are draped on her hips.
Not a deadly ritual, but the blade strokes her throat.
Yet I'm sure she sees everything,
eyes huge in her head, as the butcher scrawls
his graffiti on the altar of her back.

Ewyllys yr Iaith

Gadawaf fy eiddo i gyd i'm dwy ferch –
fy nghartref, fy nhlysau, fy llyfrau – pob dim
ar yr amod fod ganddynt ŵyr a phlant
i siarad eu mamiaith. Os methant wneud hyn
rwyf yn eu diarddel.

                  Gadawaf fy nhir
i'm mab, fy nghyfrinach. Blentyn y berth,
rhoddaf gloddiau i ti, glaswellt a dŵr
fel y gall geiriau bori ar gig
a'r cig ar y borfa, glesni ar bridd
a'i bryfetach syml. Yn y gadwyn fwyd
iaith ydyw'r boda ac mae'n rhaid cael cnawd
ac anadlu ifanc os yw'r heliwr am fyw.

Gadawaf fy nghalon i'r cigydd, tad
fy mhlentyn gordderch. Gweddill fy nghorff
i wyddoniaeth. Yna taenwch fy llwch
ar y mynydd gyda'm gelyn, tawelwch.

The Language's Will and Testament

I leave my property to my two daughters,
my home, my jewellery, my books. The only
condition is that they teach their own children
to speak their mothertongue. Fail in that
and I will disinherit them.

                          But I leave my land
to the wild boy, my secret son.
I give him its boundaries, its green
tilth and waters, as I give him the words
for all its insectivorous strata.
In the food chain, language is the harrier.
How it craves young breath.

I leave my heart to the butcher, father
of my child. The rest of my body
goes to science. Then, fling my ashes
over the mountain and let silence, my enemy, take them.

Yn yr Awyr Agored

'Mae'n bryd i ni siarad.' 'Dere! Twei! Twei!'
Mae'r ffarmwr yn galw ar y gyr,
yn diflannu i'w ganol, sŵn carnau ar fwd,
y gwartheg o'n hamgylch, eu hanadl mwy
yn llaethog o helaeth. 'Ble'r oeddech chi
ar fore 'r llofruddiaeth?' Dim ateb ond 'Cer!'
a'r fuches yn symud fel ffilm du a gwyn
ar gefndir amryliw. Y mae pob un
yn gwisgo cudyn o wallt ar gopa ei phen
mewn ffasiwn wahanol. 'Dere di! Wow!'
Y ffarmwr yn plymio i dynnu teth
mewn cerrynt o gefnau. 'A wyddech chi
mai hi oedd eich mam chi?' Tawelwch. Da'n
tynnu'n agosach, tafodau licris du
yn blasu fy nillad, ocheneidiau dwfn
yn wfftio'r wybodaeth. Yn sydyn mae un
wedi codi'n wyllt ar ei choesau ôl,
yn fy namsgen, a'i chymdogion i gyd
yn dechrau gwrychennu, a storm
o gicio o'm hamgylch. Rwy'n gwegian. Ond mae'r mab
yn rhwygo at glust y fuwch, yn ei throi,
yn clirio ynys o'n hamgylch fel tir
mewn llanw o wartheg. Ryn ni'n dau yn ffoi
a minnau'n gafael yn dynn yn llaw
y ffarmwr tawedog – a'r gyr y tu ôl
yn ein dilyn yn ufudd ac, er gwaethaf fy ofn,
rwy'n eu gwylio'n graddol ddechrau cnoi cil
fel cerfluniau o'n hamgylch, gan fod gair
y ffarmwr yn ddigon i'w dofi. Am nawr.

The Adulterer's Tongue

In the Open Air

'We have to talk.'
'Come on, come on!'
The farmer's hollering at the herd,
pushing right in amongst them, their hooves
slipping in shit, and all the cows around us now,
their breath in milky sops.
'So where were you on the morning of the murder?'
No answer but the usual *'Get on!'*
and the animals like a black and white film
against the teeming world. All these cows have different hair –
King's Road coxcomb, coconut tuft,
but *'Come on, come on!'* is all the farmer says, starting
the milking round, fist closed on a teat.
'Do you know it's your mother who has died?'
Silence. And the cows push closer, their liquorice
tongues licking my clothes, even their eyes
full of milk. Then suddenly one's up
on her back legs and she's spooking
all the others, all these kickboxing cows around me,
and I think I'm flaking out in the ruck, but the farmer's son
twists her ear and leads her off, making
a space around us, and the two of us are running,
me with a tight grip on the old man, still
miserly with his words, and here come the cows
obedient to instinct, rushing up
yet calming down until they've stopped around us
and how soon these cows become statues that chew grass,
because, for now, a single word from the farmer
is enough to make everything seem all right.

Llawysgrif y Ffarmwr

'Ydw, rwy'n cofio'r llyfr yn iawn.
Fe fyddai'n ei ddangos i mi bob tro
y galwem heibio pan oedden i'n fach.
Beth alla i'i gofio? Roeddwn yn hoff
o gronicl gwartheg. Sut y bu i ddyn
briodi anner a guddiai'n y gwrych
bob tro yr âi ati. Yna sut y cysgai e
bob nos yn y beudy, gan orffwys ei ben
ar felfed ei hystlys, breuddwydio ar fôr
rhythm ei hanadlu. Cyfansoddodd gerdd
ym mydr ei godro, hyd y dydd y trodd hi
yn falch yn ei erbyn, a gwisgo cot
o ledr ei chyd-wartheg, sodlau serth
a cholur, a'i wrthod. A melltithiwyd y ddau
am fethu cyd-dynnu. Ond roedd un peth yn od
am y llawysgrif – wrth ei gweld, bob tro,
roedd yn destun gwahanol. 'Ddarllenais i fyth
mo'r un stori ddwywaith, er chwilio dro
ar ôl tro am hanes y ffarmwr a briododd lo.'

The Farmer's Evidence

'Okay, I remember the book pretty well.
It was brought out when we were young,
every time friends called past.
So what do I recall? That I loved
the bestiaries best, the cattle stories.
There was this man horny for a heifer:
they were bethrothed and her garter was a hawthorn sprig.
Sleeping together in the cowhouse,
his head lay in her velvet groin, listening
to all that dreamy breathing. There he composed
his symphonies of milk, until one day
she became difficult, wearing the leathers
of her ancestors, fuck-me heels
and highlights, and rejected him. Society
was scandalised because they failed to make
a go of it. But there was this strange thing about
the book: every time I opened it,
the stories were about something else.
I never saw the same tales twice,
even though I looked every chance I had
for the man who was doe-eyed for a calf.'

Y Munudau Olaf

'Roedd y diwedd yn erchyll. Torrodd argae tu mewn
ac roedd gwaed ym mhobman. Allan o'i cheg
daeth rhaeadrau o eiriau *da yw dant*
i atal tafod, gogoniannau'r Tad
mewn blodau ysgarlad – *yn Abercuawg*
yd ganant gogau… – roedd y gwaed yn ddu,
llawn biswail, yn ffynnon a'n synnodd ni
a'i hidiomau – *bola'n holi, ble mae 'ngheg?* –
ac o hyd yn y ffrwythlon, *yes no pwdin llo,*
ac roedd salmau'n cronni yn ei pherfeddion hi
ac yn arllwys ohoni, diarhebion, geiriau gwneud,
enwau planhigion, saith math o gnocell y coed,
gwas y neidr, criafolen, ffárwel haf,
yna crawn anweddus, a thermau coll
fel *gwelltor* a *rhychor,* roedd ei chyfog fel hewl
yn arwain oddi wrthi, a byddin gref
yn gadael eu cartrefi y tu mewn i gaer
ei hanadlu *gwŷr a aeth Gatráeth.*
Ac ar ôl yr argyfwng, doedd dim i'w wneud
ond ei gwylio hi'n marw, wrth i boer a chwys
geiriau ei gadael fel morgrug – *padell pen-glin,*
Anghydffurfiaeth, clefyd y paill,
ac er gwaetha'n hymdrechion, erbyn y wawr
roedd y gwaedlif yn pallu, ei gwefusau'n wyn
ac ambell ddiferyn yn tasgu. Yna dim.'

The Last Minutes

The end was horrible. A vessel burst
and there was blood everywhere. Out of her mouth
came a haemorrhage of words – *use a tooth*
to stop the tongue, glories of the Father,
in Abercuawg are cuckoos singing –
in scarlet flowers – but then the blood was black
and full of slurry – a fountain that appalled us
with its idioms – *my belly thinks my throat is cut –*
and always fertile, *yes, there's no calf pudding –*
and there were the psalms acculmulated in the gut
pouring out of her, proverbs, verbs,
the names of plants, seven words for woodpecker,
a dragonfly, the mountain ash, Michaelmas daisies,
and then the obscene gangrene of the lost terms
such as *right ox* and *left ox*, all this retched up
like a street of words leading away from her, where the Gododdin
army marched the Welsh way on the road to oblivion.
So after this emergency there was nothing to be done
but watch her dying, with her vocabulary
leaving her in tides – *nice saucer of tea,*
Nonconformism, hay fever –
and in spite of our efforts, by dawn
her circulation was slow, her lips pale,
the last drops glittering. And that was that.

Rhodd

'Oriawr yn anrheg? Amser gan fy ngŵr?
Sut allet ti roi breichled aur yn glwyf

mor ddwfn am fy ngarddwrn? Y mae troi
y rhod ddyfeisgar ym mherfeddion hon

yn elyn inni, mae fel ffiws ar fom
a fydd yn chwythu pob cariad rhyngom

yn deilchion ryw ddydd. Na, nid heddi chwaith,
ond er mor gwyrain ydyw'r gwaith

ar ddannedd yr olwynion, mae eu taith
yn llyncu'n bywyd, yn ei rwygo'n rhacs

i ebargofiant.' 'Amser *yw* fy rhodd
i ti. Nid ei beirianwaith – y mae'n anodd

gweld gwallt yn gwynnu – ond ei led
a'i ddyfnder, serch â'i gysgodion caled

a'r gwybod am angau. Na, mae cariad dau
fel coelcerth a daw'r eiliadau

ato yn wyfynnod brau
mewn heidiau i edmygu'r golau

cyn i ni farw. Ond, am y tro,
gwisg dy oriawr aur fel O

a chofia ein bod yn gylch, ac yn ei ganol
y gwacter ffrwythlon a fydd ar ein hôl.'

The Watch

The present of a watch?
What's my lover playing at?

As if time is a tourniquet
for the gold wound in my wrist.

I don't think I'm disposed to trust cog-logic
as it counts the days down

to the moment love leaves with its whimper.
No, and today's no different. These seconds

are piranha teeth at their frenzied work
and if hours have ghosts then ghosts will be all that's left.

Yet time's the gift,
not all its blackboard formulae.

Old age is only the opened door
where we eavesdrop on death

and learn that lovers can do nothing else
but loiter beneath a lightning tree.

Talk's pointless. So I'll wear this watch:
soul-mirror, the white well where I drink,

and kiss the mouth
that swells
to swallow me.

Elin ap Hywel

Elin ap Hywel was born in Colwyn Bay and educated at Cambridge and the University of Wales. Her poems in the original Welsh, together with her own translations, can be read in *Ffiniau / Borders* (Gomer, 2002). She has worked as editor for 'Honno' – the Welsh Women's Press – as a translator at the National Museum of Wales, and served as the Royal Literary Fund's Writing Fellow at the University of Wales, Aberystwyth. Her poems have been translated into many languages, including Czech, German, Dutch, Italian and Japanese.

Diosg

(o gyfres 'Rhiannon'*)

Tynnu ei arfau oedd y ddefod orau.

Disgleiriai'r darnau dur wrth ddiasbedain,
cen wrth gen, i'r llawr.

Diarchenais ef
o deulu, llwyth, cymydau, câr a gwlad.

Cramen wrth gramen, symudais
haenau o'i hanes ohono

hyd y llurig olaf, lle gorweddai
fy llaw yn y gofod tynn rhwng metel a chnawd.

* Cyfres o gerddi sy'n dychmygu meddyliau Rhiannon wrth iddi eistedd
ger y porth i lys Pwyll, yn disgwyl cludo teithwyr ar ei chefn.

Disarmed

(from the 'Rhiannon' sequence*)

Let's call it the first protocol.

His bracelets, his jewellery, the silver
breasts of his cuirass, I lay them on the ground.

Then soon his ancestry, his guild, his kin,
his country are shining at his feet.

Then I chip away at the lids of his wounds.
They lie like flags he will never hold again.

Now his chainmail slithers slowly to the floor.
How strange that he shivers with my hand upon his skin.

* Both 'Stitching' and 'Disarmed' are from the 'Rhiannon' sequence, based
on the First Branch of the Mabinogion. The poems imagine Rhiannon's
thoughts as she sits by the entrance to her husband's court, waiting to carry
travellers on her back, as a punishment for the alleged murder of her own
son.

Pwytho

(o gyfres 'Rhiannon')

Wrth i ymylon y ffrâm freuo, rwy'n cofio
diwrnod o wyn a melyn, awyr ac aur.

Dôl, blodau, adar. Y borfa'n bali gwyrdd.

Pwythodd rhyw law y ceffyl a minnau i'r llun.
Clywn y nodwydd yn gwanu trwydda' i.
Brodiodd y gyrlen ola' yng nghynffon y march
a'n gosod yno, mewn gwe o edau ddisglair.

Aeth canrif heibio. Clywn garnau tu cefn,
ac yna gwaeddodd.

Rhwygodd yr eiliad
fel cleddyf yn llathru trwy sidan.
Llaciodd y pwythau, cerddais
allan o'r darlun, yn syth i lygad yr haul.

Stitching

(from the 'Rhiannon' sequence)

What I remember are the tapestry edges
starting to unravel like the evening sky.

But first fields appeared, and a stitch for every blade of grass.
And there I was, on horseback, flowing from the artist's hand.
I felt the sewing needle give shape to my soul –
wild as a stallion's tail its shining warp.

One hundred years passed.
Now I hear horses, the hounds' music

And time splits apart like a blade
slashing daylight through a girl's dress.
But all the stitching cannot stop me: I step
from the picture out into the blazing world.

Elin ap Hywel   101

Aur

Pan o'n i'n ferch, yn ôl y si,
roedd aur o dan ein caeau ni

ac esgyrn dynes yno 'nghudd
mewn gwely tywyll dan y pridd,

a gwir y sôn bod ôl y swch
yn gadael dafnau aur yn drwch

mor fân a main â rhisgl pren
neu'r cwmwl gwallt oedd am fy mhen.

Wfftio wnaeth O, ac yn ein gwledd
fy nwrdio i uwchben y medd,

ac wfftio eto pan ddôi'n ôl
o'r farchnad wedi cael llond côl,

a bathu cleisiau hyd fy nghroen
nes bod fy myd yn ias o boen,

ond canu wnâi yr aur o hyd
mewn bedd dan fryn ym mhen draw'r byd

a rhywsut aeth ein bywyd bron
wrth wrando ar ei hen diwn gron.

*

Y gwŷr bonheddig ddaeth ffordd hyn
a phlannu'u rhofiau yn y bryn

a dweud bod bedd yn llawn o aur
yn ddisglair loyw fel yr haul,

a bod y llygod bach i gyd
yn plethu aur i leinio'u nyth

a heno mae fy ngwallt yn wyn.
Rwy'n adrodd stori wrthyf f'hun –

Treasure

When I was young all the gossip was
the gold buried under this bloody grass

and the grave of a woman like Boadicea
(a bit different from the farmers' wives you find round here)

and how gold dust once stuck to the ploughboy's heels
like wind-scattered blackthorn petals,

as it leaked out of that neolithic hoard
winking in the darkness like the night switchboard.

But I forgot all that soon as I was wed
because my lover turned out to be a real meathead,

long in his cups and short in the scabbard,
the kind of a dolt we all dread for a husband,

but thuggish with it too, a mean little coward,
and I weep for the girl that he deflowered,

but even as he stood over me in the kitchen
there was a voice in my head and I'd try to listen,

some old wives' tale with an odd refrain,
and I would sing it to myself to bury the pain.

Then the museum-men found lodgings one night
with their measuring tape and theodolite

and they swept every grain away from our tomb
like scraping a baby out of the womb

leaving the grave a dark exchequer
so the rats now live where there once was treasure.

Well, that's my story, and it's common enough:
ask any white-haired woman what she knows of love:

am fywyd y frenhines gaed
yn barod at briodas waed,

y sidan coch yn garpiau i gyd
a'i chnawd yn pydru 'nôl i'r pridd

a dim ar ôl i'n llygaid ni
ond baw ac aur lle buodd hi.

the gold's under glass on national display
and people walk past it every day:

but as to that queen in her chariot of souls,
they never found a trace when they dug their holes.

Glas

(er cof am Derek Jarman)

Crwban o ddyn ar y bocs. Mae ei groen
yn gynoesol, hynafol o hen, fel pe bai
rhyw wynt poeth wedi ei ysu yn blisgyn,
yn rhisgl heb sudd a heb sawr.
Crwban o ddyn heb gragen, sy'n hercio
ei ben yn ddi-ddal tua'r camera
i weld ydi'r byd yn dal i fod yno.

Mae arna'i gymaint o eisiau cyffwrdd ag e –
estyn, rywsut, i mewn i'r teledu,
a llyfnu'r cawgiau dan ei lygaid â'm bawd,
gosod blaen bys ar femrwn ei foch
a dweud un 'diolch' yn dawel

– am sidan syberwyd, am sglein,
am bowdwr a phaent, am boen,
am emau, am olau cannwyll,
am rawnwin, am fefus, am win,
am felfed, am wres anadl,
am ormodedd, am orawen. Am oreuro
du a gwyn y sgrîn ag enfys ei weld –

llithrodd y lliwiau o un i un
a dim ond glas sydd ar ôl nawr, glas
sy'n las go iawn, fel yr awyr neu'r môr,
y mwg sy'n troelli o ffag cynta'r bore,
petrol ar hewl wedi cawod o law,
y cwdyn halen yng ngwaelod bag crisps –

ond glas sy'n las hefyd
fel clawr ffeil, fel sgert nyrs,
fel gŵn sbyty, fel gwythïen,
fel min cyllell, fel hen glais,
fel graen yng ngweflau llanw ar drai,
fel y lliw sydd rhwng y meirw a'r byw,
fel y gwydr caled sydd rhyngom ni'n dau.

Blue

(in memory of Derek Jarman)

There's a tortoise-man on TV. His skin's
prehistoric like some pterodactyl
as if a scorching wind had scoured him
so he's no juice left and his hide is beef jerky.
But shell or no shell he's single-minded.
Watch him limp his way towards the lens:
he needs to know what's going on out there in the world.

I want so much
to stroke him. To reach somehow inside the glass
and touch the wineskin underneath each eye,
to place my forefinger on his cheek's manuscript
and silently say thanks:

thanks for his shotsilk ego
and for paint and powder and for pain,
for sapphires and candleshadow,
for Shiraz and strawberries,
for velvet, for the gasp of lust,
for knowing when too much is not enough,
for being the goldsmiths' scion who gilds the screen –

now all the colours
like tributaries must run into blue –
reality blue, the horizon's blue,
your twin who rises blue from a cigarette,
streetblue of the petrol mirage,
that little blue bag of salt's heartbreaking blue –

but also the blue that pretends nothing but blue –
from the filing cabinet or a nurse's sleeve,
the hospital bib of a sleeping man,
a knifepoint, a bruise,
the shingle that the sea keeps in its cheek,
because blue is that breath between the living and the dead,
a no-man's-land stretched out between us now.

Yn Nhŷ Fy Mam

Yn nhŷ fy mam y mae llawer o drigfannau,
parlyrau sy'n ddawns o awyr a goleuni –
y llestri te ar y lliain yn barod
a'r llenni ar agor i ddangos golygfa
o'r môr, heb 'run llong. Coridorau
brown, tywyll sy'n dirwyn am filltiroedd
ar filltiroedd i'r unlle, cyn gorffen, yn ffwr-bwt,
mewn sgyleri lle mae'r llestri yn simsanu ar y silffoedd,
a'r pibau yn grwgnach a rhefru yn flin.
Grisiau sy'n chwyrlïo i lawr, lawr, lawr
heibio lluniau o'r teulu ar y welydd ffloc
– *Sbia, dyna Nain! Mae 'na wenci rownd ei gwddf hi!* –
nes iddyn nhw gyrraedd y man drwg hwnnw,
y seler sy'n llawn o esgyrn llosg,
o benglogau plant fel plisgyn ŵy.

Heno rwy' am ei fforio hi i'r stafell folchi,
Antarctig bychan o wydr a marmor.
Dwi 'di bod 'ma o'r blaen, i chwarae gyda'r sebon,
ei saethu trwy fy mysedd
er mwyn llithro gadael
llwybr malwen o ddagrau, gan feddwl yn ddistaw bach:
Os llwyddaf i roi fy mhen dan y tap
bydd drip-dripian y dŵr yn gwella fy nghlwy'.

Rwy' 'di dod i'r tŷ hwn bob nos ers yr angladd,
wedi cerdded a dawnsio a chrwydro trwy fannau
â'u daearyddiaeth yn newid ar adenydd y gwynt.
Rwy'n dwlu ar y gegin gefn, ar y ddreser
sy'n gwlffyn solet o dderw du,
yn debycach i dorth o fara brith na dodrefnyn,
ac enw fy ewythr wedi'i naddu i'w hochr.
Mae'r cŵn tsieini Stafford
yn sefyll fel sowldiwrs uwch y platiau gleision,
a'u llygaid yn eirin surion o genfigen.
Weithiau, os ydw i'n lwcus, mi wnân nhw siarad â mi:
Mae hi newydd adael. Mae hi yn y coridor. Newydd ei cholli hi dach
chi! –
– Ac mi wela'i gip ar odre ei sgert.

In My Mother's House

In my mother's house I had many homes:
rooms where I watched the dust's orbit of light,
where my cup waited on a white cloth,
where the window showed the sea but never
a ship. Then there were all those passageways
that led for miles to the same place –
the scullery, where, even if I tiptoed,
the dinnerplates would rattle in their stacks
and the pipes endlessly repeat their sad vocabulary.
The staircase led me down but never up,
past a family in frames –
all my angel-aunts in their fur stoles –
and then further down to the worst place in the world:
the cellar full of burning bones
and the skulls of little boys, pink as camellia buds.

But tonight
I've shut myself in the bathroom.
How strange it is, a marble chrysalis,
and I see myself as if I was a ghost,
a child writhing in steam out of my hands,
a serious, soapy girl
who told herself
'Let water, let cold water
heal me now.'

I come here every night since the funeral
to dance through my own geology,
every inch with its fossil grin.
But it's the kitchen that I'm giddy in:
I stand by the dresser, made by my uncle
who carved his name into the wood,
and my arms can't reach around its enormous crust of oak.
Above the plates is a row
of Staffordshire spaniels
and their china eyes are yellow as damson hearts.
Sometimes, if I'm very still, they speak to me:
She's just gone out. You just missed her.
And I catch a glimpse of someone who's not there.

Un tro, anghofia'i fyth, mi es i i'r parlwr,
ac roedd hi yno, yn eistedd mewn cadair ger y tân.
Estynnodd ei llaw, llaw fechan, llaw telynores,
â'r bysedd yn hir, yn fain ac yn wyn.
Plethais fy mysedd i i'w bysedd hithau.
Ddywedwyd yr un gair. Embaras llwyr
i ni gael ein dal yn cymdeithasu yr ochr draw i'r llen.
Heddiw wn i ddim sut gadewais i'r stafell.
Dwi'n chwilio amdani bob tro yr af yn ôl.
Weithiau mae'r stafell yno, weithiau 'dyw hi ddim.
Weithiau mae ei chwpan a'i soser ar y bwrdd.
Weithiau mae'r tân yn lludw oer, llwyd.

Once, I'm sure, I was in the front parlour,
and there she was, sitting fireside.
Slowly she put out her hand, that long, musician's hand
and I held her fingers as the harpstrings had held them.
We didn't say a word
yet blushed as if to show we'd been caught out.
Now sometimes I can't remember
what room that was.
Or how to find it.
But surely there was a cup beside the chair
though the fire had burned to nothing in the grate.

Cawl

Nid cerdd am gawl yw hon –
nid cerdd am ei sawr, ei flas na'i liw,
na'r sêrs o fraster yn gusanau poeth
ar dafod sy'n awchu ei ysu.

Nid cerdd am gawl yw hon,
am frathiad o foron tyner,
am sudd yn sugnad safri, hallt
na'r persli'n gonffeti o grychau gwyrdd.

Dim ond cawl oedd e wedi'r cyfan
– tatws a halen a chig a dŵr –
nid *gazpacho* na *chowder* na *bouillabaisse,*
bisque na *velouté* neu *vichyssoise.*

Nid cerdd am gawl yw hon
ond cerdd am rywbeth oedd ar hanner ei ddysgu –
pinsiaid o rywbeth fan hyn a fan draw,
mymryn yn fwy neu'n llai o'r llall
– y ddysgl iawn, llwy bren ddigon hir –
pob berwad yn gyfle o'r newydd
i hudo cyfrinach athrylith cawl.

Nid cerdd am gawl yw hon o gwbl
– nid cerdd am gawl, nac am ddiffyg cawl:
dim oll i'w wneud â goleuni a gwres,
y radio'n canu mewn cegin gynnes
a lle wrth y bwrdd.

A Song about Soup

Look, I'm not singing about soup,
and certainly not that saviour's
savour, or any bonemarrow stars on the soup's surface
and their enticements to the tongue.

Listen, because I'm still not singing soup,
or broth's puckering beatitudes
or all the archaeology of taste
or the steam's psalter swinging over the stove.

Because, after all, soup's only soup,
potatoes, meat and a jug of stock,
there's no exotica from the Larousse index
or sundried Mediterranean glossaries.

No, I'm definitely not singing soup.
But instead maybe something half recalled,
as if with an instinct for the indistinct.
So I sing the spoon, I sing the bowl –
the summoning tools of a ritual
that might release
soup's secret soul.

You see? This was never a song about soup,
its superlative suns and their salt eclipse.
And absolutely nothing to do with a warm kitchen
where a place has been set for me.

Deall Goleuni

(er cof am yr arlunydd, Gwen John)

Weithiau, ar bnawniau Sul, a'r golau'n oer
mae hi'n gweld ei hwyneb am yr hyn ydi o –
yr haul yn ysgythru esgyrn ei chernau,
a chylchoedd y blynyddoedd dan ei llygaid.

Ben bore, yn yr offeren
– a'r lleill wrth eu pader mewn byd sy'n llawn goleuni –
mae hi'n syllu ar y plygion
yng ngwempl y lleian o'i blaen.
Sut gall lliain gwyn fod yr un lliw â llwch?

Neithiwr, wrth wawl y lamp, gosododd
dorth o fara a chyllell ar y bwrdd,
a chyn bwyta, codi ei phensel.

Heno, bydd hi'n gorffen y braslun,
yn tynnu llun y gath a'r gadair simsan.
Gŵyr y bydd gwallt y ferch sy'n plygu tua'r golau
yr un lliw â diferyn o waed sy'n araf sychu.

Understanding the Light

(in memory of Gwen John)

Sometimes, in the terrible
light of Sunday afternoons,
she examines how she really looks;
those halfmoons under the eyes,
while the sun like an undertaker
rouges her cheeks.

Earlier, during mass,
with all the inhabitants of light at prayer,
she will have stared at the young nun
in the pew ahead
and thought that there was a child that was married to mourning.

In lamplight last evening
she placed a loaf and a knife on the table.
But, before the meal, picked up her pencil.

Tonight she might finish
the drawing, a cat on a junkshop chair,
while the girl with bloodblack hair
raises her head from her hands.

Defnyddiol

Ys gwn i beth ddigwyddodd i hen fenywod fy mhlentyndod?
Eu hetiau ffwr, eu llyfrau emynau parod,
a'u cariad yn wasgfa boeth
o frethyn cras a broitsys pigog?

Gwingwn a llithrwn o'u gafael
a chusan y froits yn glais ar fy moch.
Y tu ôl i'w ffws a'u hanifeiliaid marw
roedd hoglau tristwch yn biso sur.

'Cariad yw cariad,' dwrdiai fy mam,
'beth bynnag fo'i oglau,
waeth pa mor bigog.'

Ers hynny, cerais
a chefais fy ngharu –
cariad cysurus, weithiau,
yn llac a chynnes fel hen gordŵroi;
cariad arall fel llenni net
sy'n dangos mwy nag a guddiant;
un cariad fel brathiad rhaff
a ysai ac a losgai fy nghnawd.

Dyma'r cariad a garwn:
cariad sydd fel cynfasau
o liain Iwerddon, gant y cant
eu gwead yn llyfn a chryf
heb oglau arnynt ond glendid a phowdwr;
cynfasau â digon o afael a rhuddin,
cynfasau na fydd yn ildio pwyth
pan glymaf nhw'n rhaff hir gwyn at ei gilydd,
eu taflu o'r ffenest, a diflannu i'r nos.

Useful

I wonder what happened to those old dears from my childhood?
All astrakhan and hymnbook ribbons,
their hot flushes furious behind
bombazine and the profiles of Queen Anne.

How I'd slither out of their embrace,
rubbing a kiss cold as a glass brooch off my cheek.
Because beneath all that foxfur and chapelgate fuss
those old women niffed as if they'd wet themselves.

'Love is love,' my mother would say,
'no matter its scent, or if it
sticks you with a hatpin.'

But I've never forgotten. And since then
I've been a lover and been loved;
sometimes such a comfortable lover,
all in cahoots with corduroy,
and sometimes a lover behind net curtains
silhouetted against the light.
Once, some lover tied me to his bed,
and his hands opened like blue buckles on my skin.

But here's the kind of love I'd love:
a love like Irish linen, its bedsheets
woven smooth and clean and never stained,
sheets that had sunlight for a seamstress
and were the texture of fresh air.
And I'd tie them together in a long white rope,
hang them from the window, get the hell out...

Duwiesau

Duwiesau Cymru –
duwiesau'r banadl, y deri, blodau'r erwain,
yr esgyrn sychion, ewinedd yn y blew –

nid y chi oedd yn camu trwy 'mreuddwydion
flynyddoedd yn ôl yn fy ngwely hogan-ysgol,

ond mân-dduwiesau llyweth y mynd a'r dod
a gwafrai'n anwadal drwy chwedlau Rhufain a Groeg
yn enfys am eiliad, ac yna yn nant neu'n llwyn,
wastad rhwng dau feddwl a dwy ffurf,
yn plesio rhyw ddyn, yn cuddio rhag rhyw dduw,
yn newid eu henwau a'u hunain fel newid lipstic:
Echo, Eos, Psyche – merched chweched dosbarth
yn chwerthin tu ôl i'w gwalltiau newydd-eu-golchi.

Dod i ddeall eich ffyrdd chi wnes i
yn araf, anfodlon, yn gyndyn fel boddi cathod,
gyda phob clais a welais, pob cusan wag,
pob modrwy yng nghledr llaw, dod i ddeall dicter –
sawru'r gwaed ar y dwylo a gwres y tŷ haearn,
clywed pengoglau plant yn glonc yn y gwynt.

Freninesau'r gwyllt, y lloerig, y pobl o'u coeau,
y distawrwydd anghynnes, yr anesmwythyd mawr
– ry'ch chi'n cadw cwmni heno yn nâd y newyddion,
yn stelcio drwy'r stafell yn eich gynau sidan carpiog.
Mae blinder y blynyddoedd yn friw dan eich llygaid
a'ch crwyn yn afalau crychion;

ond mae'r fellten a'r daran yn drydan yng nghwmwl eich
                                                    gwalltiau,
barclodiad rhyw gawres yn gengl o amgylch eich boliau
a meillion eich dicter gwyn yn dynn wrth eich sodlau.

Ynysoedd gwŷr cedyrn sy'n dymchwel wrth odre eich peisiau.

Goddesses

Goddesses of the past,
goddesses of the flowers of the forgotten people,
of wolves and warriors and all that…

You were never the goddesses that goaded my dreams
as I lay in my teenage bed.

Instead, I preferred the ones I might keep in an amulet
or a birdcage, piping what they've cribbed from the classics,
little rainbow-goddesses as swift as thought,
flying between some god-teacher and some god-lover,
changing their minds as they changed their lipstick,
that Echo–Eos–Psyche posse, devastating
in school uniform and back-of-the-class big hair.

At first, I didn't want to know them.
Figuring out their wisdom was like learning to drown cats.
But with every jilting kiss I've felt, every scratch
from a ring torn off, I've learned some more of who they are,
of their blood and their bereavement and their kitchen routines,
the cries of their neverborn out in the wind.

Those mad, those moonstruck, those out-of-their-minds:
silence will not nourish them, nor the rough road.
Instead, they keep company with black bulletins,
my chainsmoking queens in their ragged silk sanctuaries,
exhaustion's mascara in the hollows of their eyes.

And yet: there's fission in their electric hair
as they bellydance round the dead cromlechs.
And soon, across the kingdom of all those men,
a petticoat of clover will cover the ground.

Unwaith

Unwaith
yn y tiroedd pell
yn yr oesau tywyll
roedd brenin
– brenhines hefyd –
hanai ef o lwyth y ceirw
hithau o lwyth y cesyg a'r geifr
roedd ei chorff yn wyn
fel stremp hir o laeth
yntau mor braff â chorn
priodwyd hwy yn saith mlwydd oed
byw hanner canrif ynghyd, a magu
deuddeg o blant
eisteddai hi yn ei siambr yn gweu
taranai ef yn y goedwig fawr
ac er na charent ei gilydd
ei wallt ef welai hi wrth nyddu'r gwlân
ei chroen hi welai ef wrth dynnu'r saeth
o ystlys yr ewig a laddodd

yn y diwedd
wedi'r aur a'r efydd a'r gwin lliw gwaed
a'r sidan, a'r llysgenhadon
o'r wlad lle tyfai'r sinsir a'r indigo
bu farw'r brenin a'r frenhines
a'u cnawd yn gyfrol hir o flynyddoedd

claddwyd hwy
yn yr un bedd
hithau ym mantell ledr y cesyg
yntau, yn ôl defod llwyth y ceirw
â chyrn am ei ben
rhai gwydn fel dur

a disgynnodd y glaw ar eu bedd.

History

Once upon a time
in a nameless country
before history was ever written down
there was a king, a king of the deer people,
and a queen, a queen of the people of horses and goats,
and her body was like the fold of milk that pours from a pail
and his body was tough as tusks,
and they were married when they were seven years old
and they lived together for half a century
and raised twelve children
and the queen would embroider in her boudoir
and the king send his voice thundering through the forest
and although they could not love one another
she stroked his hair in the eye of her needle
and he touched her breast when he pulled his arrow from a doe.

In the end
when the gold and gilt were gone and the bloodrich wine was gone
and the silks were gone and the ambassadors gone back
to the countries of ginger and indigo
this king and this queen died

and they were buried
in the same place,
she in her cloak of horsehair
and he, according to the custom of the deer people,
with antlers, dark as iron, upon his head

and the rain still falls upon their grave.

Index of First Lines